轻与重
FESTINA LENTE

姜丹丹 主编

逊政君主论

［法］雅克·勒布朗 著　贾石 杨嘉彦 译

Jacques Le Brun
Le pouvoir d'abdiquer
Essai sur la déchéance volontaire

华东师范大学出版社

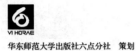

华东师范大学出版社六点分社　策划

主 编 的 话

1

时下距京师同文馆设立推动西学东渐之兴起已有一百五十载。百余年来，尤其是近三十年，西学移译林林总总，汗牛充栋，累积了一代又一代中国学人从西方寻找出路的理想，以至当下中国人提出问题、关注问题、思考问题的进路和理路深受各种各样的西学所规定，而由此引发的新问题也往往被归咎于西方的影响。处在21世纪中西文化交流的新情境里，如何在译介西学时作出新的选择，又如何以新的思想姿态回应，成为我们必须重新思考的一个严峻问题。

2

自晚清以来,中国一代又一代知识分子一直面临着现代性的冲击所带来的种种尖锐的提问:传统是否构成现代化进程的障碍?在中西古今的碰撞与磨合中,重构中华文化的身份与主体性如何得以实现?"五四"新文化运动带来的"中西、古今"的对立倾向能否彻底扭转?在历经沧桑之后,当下的中国经济崛起,如何重新激发中华文化生生不息的活力?在对现代性的批判与反思中,当代西方文明形态的理想模式一再经历祛魅,西方对中国的意义已然发生结构性的改变。但问题是:以何种态度应答这一改变?

中华文化的复兴,召唤对新时代所提出的精神挑战的深刻自觉,与此同时,也需要在更广阔、更细致的层面上展开文化的互动,在更深入、更充盈的跨文化思考中重建经典,既包括对古典的历史文化资源的梳理与考察,也包含对已成为古典的"现代经典"的体认与奠定。

面对种种历史危机与社会转型,欧洲学人选择一次又一次地重新解读欧洲的经典,既谦卑地尊重历史文化的真理内涵,又有抱负地重新连结文明的精神巨链,从当代问题出发,进行批判性重建。这种重新出发和叩问的勇气,值得借鉴。

3

一只螃蟹,一只蝴蝶,铸型了古罗马皇帝奥古斯都的一枚金币图案,象征一个明君应具备的双重品质,演绎了奥古斯都的座右铭:"FESTINA LENTE"(慢慢地,快进)。我们化用为"轻与重"文丛的图标,旨在传递这种悠远的隐喻:轻与重,或曰:快与慢。

轻,则快,隐喻思想灵动自由;重,则慢,象征诗意栖息大地。蝴蝶之轻灵,宛如对思想芬芳的追逐,朝圣"空气的神灵";螃蟹之沉稳,恰似对文化土壤的立足,依托"土地的重量"。

在文艺复兴时期的人文主义那里,这种悖论演绎出一种智慧:审慎的精神与平衡的探求。思想的表达和传播,快者,易乱;慢者,易坠。故既要审慎,又求平衡。在此,可这样领会:该快时当快,坚守一种持续不断的开拓与创造;该慢时宜慢,保有一份不可或缺的耐心沉潜与深耕。用不逃避重负的态度面向传统耕耘与劳作,期待思想的轻盈转化与超越。

4

"轻与重"文丛,特别注重选择在欧洲(德法尤甚)与主流思想形态相平行的一种称作 essai(随笔)的文本。Essai 的词源有"平衡"(exagium)的涵义,也与考量、检验(examen)的精细联结在一起,且隐含"尝试"的意味。

这种文本孕育出的思想表达形态,承袭了从蒙田、帕斯卡尔到卢梭、尼采的传统,在 20 世纪,经过从本雅明到阿多诺,从柏格森到萨特、罗兰·巴特、福柯等诸位思想大师的传承,发展为一种富有活力的知性实践,形成一种求索和传达真理的风格。Essai,远不只是一种书写的风格,也成为一种思考与存在的方式。既体现思索个体的主体性与节奏，又承载历史文化的积淀与转化，融思辨与感触、考证与诠释为一炉。

选择这样的文本，意在不渲染一种思潮、不言说一套学说或理论，而是传达西方学人如何在错综复杂的问题场域提问和解析，进而透彻理解西方学人对自身历史文化的自觉，对自身文明既自信又质疑、既肯定又批判的根本所在，而这恰恰是汉语学界还需要深思的。

提供这样的思想文化资源，旨在分享西方学者深入认知与解读欧洲经典的各种方式与问题意识，引领中国读者进一步思索传统与现代、古典文化与当代处境的复杂关系，进而为汉语学界重返中国经典研究、回应西方的经典重建做好更坚实的准备，为文化之间的平等对话创造可能性的条件。

是为序。

姜丹丹（Dandan Jiang）
何乏笔（Fabian Heubel）
2012年7月

目 录

引言 / 1

1 思考令人匪夷所思的逊位 / 11

2 忠诚的王子 / 29
古罗马人与首领的虔信 / 43
基督教"宗教敬礼"的传统 / 55
回到古代 / 65

3 逊位与自我牺牲 / 83

4 戴克里先的逊位 / 101
拉克坦提乌斯的小说的发现 / 106

5 查理五世的逊位 /117

道德家：从蒙田到拉封丹 /122

神父斯特拉达与英雄声誉的毁坏 /134

一个虔信人的隐退 /146

一个皇帝的宗教 /154

6 理查二世或自愿被废黜 /167

一个王朝的阴谋 /171

国王归来 /184

逊位场景 /199

从莎士比亚到费奈隆 /207

7 詹姆士二世或辞职 /217

8 腓力五世：不可能的逊位 /233

怎样阻止战争 /240

逊位进退两难 /246

吁请国王献祭 /256

为了拯救法国而逊位 /261

谢弗勒兹公爵与"王子的忠诚" /270

自愿献祭 /274

结论 /297

逊位,一个近代的形象 /299

权力的秘密 /301

权力的忧郁 /306

隐藏的上帝 /316

逊位与非凡的力量 /318

引 言

一些人物至今仍萦绕在西方的头脑中：他们位于权力巅峰，却自愿地，而非为情势所迫，离开至高无上的权威与头衔，离开他们所统治的帝国。他们使自己退回到了个人的状态，并以普通人的身份了却余生。无论是古代的政治理论家还是近代的历史学家都未曾明确地将他们列为思考或研究的对象。正如我们将要证明的那样，这也许是因为这些特立独行的人物只能被当作特例来研究，而对于每个事例，我们必须考虑其置身的具体时代，尤其要参考为其提供佐证的原始资料、历史文献、文学作品以及想象的构筑。

通过研究其中的几位，我们将试图理解其行为的性质以及他们对于我们的独特吸引力。我们同样自问，为何尤其在古典时代，即16世纪和17世纪，这些历史或文学人物震撼了人们的理智与想象;而现今,又是何等原因促使我们紧随瓦尔特·本雅明与恩斯特·康托洛维茨的脚步,借助这些近代的人物与话语,试图思考逊位这一难以想象的行为。

逊位的英雄人物都是谁?他们并非失败的君主,因对手的叛乱或臣下的暴动而被迫放弃权力,而是凭借个人自由意志完成逊位行为的人。他们曾经并且仍然吸引着我们,而其人数之寥寥则愈增添了这份吸引力。另外一些人,如高乃依的《西拿》(Cinna)中的奥古斯都皇帝,被拒绝至高权威这一匪夷所思的行为所吸引,却始终无法跨出这一步,最终宁愿保存帝国,并为自己的退却给出了正当的或不确定的理由。

一些执政官、独裁者,几位皇帝,一位古希腊君主,几位国王,一位王后,甚至还有一位教皇和一位共和国总统:他们的人数之稀少增添了他们的声誉,燃烧着人们想象的激情,似乎罕见亦助于突显其行为的非凡性,同时赋予他们这种放弃统治权的行为一份独特的魅力。究竟是历史人物还是文学虚构,这根本不重要,他们的行为使其成为榜样,激发了无尽的探讨。因为,这种令人难以置信的行为既让解释呼之欲出又阻止了任何解释的尝试,似乎它可以调动一切可能的因素并且触及所有的动机;它超越了种种理由,就在它激起它们的同时,就在它根据世界观、社会观、宗教表现、人的观念以及人类行为理论使它们多样化的同时。辛辛纳图斯、苏拉、奥古斯都、波兰的托勒密一世、西班牙国王腓力五世、教皇切莱斯廷五世都曾被这欲望或欲念所触及,并且其中一些甚至完成了决定性的行为。因而,他们的形象一贯吸引着我们:尤斯特修道院的查理五世(Charles Quint),面对爱尔兰海的夏尔·戴高乐,他们这种不合常理的决定的影响震撼着 21 世纪的我们,正如它曾震撼 17 世纪的人们。

怎样理解他们的行为呢? 几个世纪以来,解释可谓繁多。是否因为疾病,对统治的疲乏,对至高权力的厌倦,抑或劳累累积而引发的休息的欲望? 就在我们列举这些平凡猜想的同时,我们可以感觉到这些猜想远不及它们所要让我们明白的事情:太正统的理由是无法解释这个特殊行为的。我们是否应当更为深入些,而这将不再是普通借口,是否应当提及忧郁,厌恶任何形式的伟大,看穿一切权力局限性——甚至,或者说是尤其看穿了绝对权力? 可能我们已经略微可以确信了,尽管某种类似浪漫主义的东西可能会使我们的解释变得脆弱:因为近代社会追崇的是君主的权力,以及人在掌控世界的那一刻所获得的自主的权力,然而同样在这个时代,作为这份自主的代价,蔓延开来的是对于一切的厌恶,所谓的看破红尘,近代西班牙人称之为 desemgaño,欧洲沿袭了这个说法,即与自我及自身行为的一种距离,对于作为上帝创造物而固有的内在不足的确信。基督教的体验更坚定了这份忧郁的信念,即使它并非其唯一来源。通过思考基督的话语——天国并不属于这个世界——以及反复阅读《师主篇》(*Imitation de Jesus-Christ*)——该书全篇都宣扬着对世界的厌恶,提倡退出行动——基督徒必然要与统治及权力的行为保持距离。近代忧郁的特质投射着古代与中世纪的漠然。对于一些人而言,这种内在的隐退以宗教的神召形式出现,即向往僧侣或隐士的生活,想要隐没于修道院的沉寂之中;对于另外一些人而言,他们向往的则是多少类似文人的隐退,但也还是用沉思去克服行动的欲望;还有一些人,表面上仍然投身于这个政治、社会的外在行动世界之中,然而其内在的隐修不仅确保了他们拒绝完全入世的自由,同时在这个遭鄙夷的世界中,保存了一种清空了他们最内在意愿的行动。

拥有上述近代立场的人物是很多的:在 17 世纪,一些大领主变成修道士或嘉布遣会修士,冉森派波罗亚尔修道院(Port-Royal)的隐遁者,耶稣会教士,国家的忠实仆人,例如路易十三治下及摄政期间担任总督和大使的勒内的阿尔让松(René d'Argenson),他们将自身职责与一种更深层次的侍奉,即对于上帝和信仰的侍奉,相调和,意图通过他们在圣世会(Compagnie du Saint-Sacrement)内部进行的秘密行动,[1]使

---

[1] 见圣索利厄(Jean Sainsaulieu),《法国修道士》(*Les Ermites français*),Paris, Éd. Du Cerf, 1974 年;克莱尔希默(A. J. Krailsheimer),《朗塞,特拉普教士》(*A. J. De Rancé, abbé de la Trappe*), Paris, Éd. Du Cerf, 2000;(转下页注)

全社会都信奉基督教。各种不同形式的皈依引领着他们远离世俗，与以往的生活决裂，将放弃变为一种比他们在尘世中所能取得的更为辉煌的胜利。

在这些情况下，我们极可能将君主或统治者的隐退，国王或皇帝的逊位解释为基督徒从世俗世界退隐的最为耀眼的形式，而自愿放弃的权力愈是绝对，这份光芒就愈是夺目。对于几位近代君主而言，西班牙的查理五世，瑞典的克里斯蒂娜或是费奈隆（Fénelon）的学生腓力五世，这种解释可能尚有其合理之处。然而它对于震撼着我们的想象的中世纪之前的君王也同样适用吗？逊位与关于逊位的讨论是否都专属基督教世界，或者至少可以说，它们在近代社会中拥有重要地位，乃是因为它们先后被基督教思想与近代思想所诠释或再次诠释？这些疑问将伴随我们的整个研究。

然而，我们应该考虑得更深远些，对那些体现着最终放弃，即对于权力的放弃的历史与文学人物提出其他问题。我

（接上页注）《17 世纪的皈依》（*La conversation au XVIIᵉ siècle*），CMR 17 第 12 届研讨会会议论文集，1982 年 1 月，Marseille，1983；米歇尔·德·塞都（Michel de Certeau），《政治和神秘主义：勒内·阿尔让松》(« Politique et mystique. René d'Argenson »)，载《另外之地》（*Le Lieu de l'autre*），Paris, Gallimard-Seuil, coll. « Hautes études », 2005, 第 265—299 页；特别是贝尔纳·伯尼奥（Bernard Beugnot），《17 世纪的隐退话语》（*Le discours de la retraite au XVIIᵉ siècle*），Paris, PUF, 1996。

们可能将他们与另一些人物进行比较,后者在另一个层面上,体现了一种类似却同样彻底的拒绝,他们拥有纯爱,这是不久之前我们刚刚研究过的。① 一个拥有纯爱的人,他的爱是不期望任何回报的;更有甚者,如果说,对于不可能被爱的基督徒而言,上帝对他如此彻底的爱的回馈只有痛苦、地狱或蔑视,那么这位被蔑视的爱人只会因上帝的漠视、蔑视或者残酷而愈发热爱他。这种爱的形象不仅震撼了西方世界,同样也震撼了其他一些文明的神秘主义者。那么完美的爱的标准是不是爱人的失去,对于不回应爱情之人的爱情的死亡呢?彻底的无私只能将我们引向面对奖赏或惩罚的漠然,甚至,将我们推向令人难以接受的对于奖赏的拒绝和对于惩罚的寻求。事实上,奖赏或是惩罚并不重要,公正抑或不公正也不重要,因为一切的动机和意图都被隔开了,爱情摆脱了一切的利益而变得纯洁?这样的爱情必然产生一个漠然的或是残忍的上帝形象,如果不能说与圣经中的上帝形象有别,那么至少在表面上远远区别于基督教神学中的另一个。如果说这种纯爱的激情体现了一种对于舍弃,甚至是永恒的舍弃的痴迷,一种破坏与毁灭一切希望的冲动,那就产生了一个问题:君主的逊

---

① 雅克·勒布朗(Jacques Le Brun),《纯爱:从柏拉图到拉康》(*Le Pur Amour*, *de Platon à Lacan*), Paris, Seuil, 2002。

位,自愿没有补偿且永远地失去权力,是否体现了一种类似的无私,一种放弃一切的意愿,包括意愿本身,这种放弃类似于以纯洁之爱去爱上帝的人对于奖赏永恒的放弃。这样的君主,戏剧中称之为逊位的国王,实现了自己的意愿,成为"无足轻重的人",不再拥有人们口中的"国王"称号,更有甚者,不再"存在",这是对虚无的憧憬,也是人的意志对于否定的胜利。

面对古典时代政治理论家对于逊位行为的缄默,一种对于词汇的研究呈现在我们面前,它旨在确定"abdiquer"与"abdication"意义上的可靠性,我们将会频繁触及这些词汇:从它的罗马起源直至近代的使用,"abdication"可以用于指代司法的、政治的、社会的一些迥异的事实。然而,要理清一个被各种理论的沉默所覆盖,同时具有强烈情感影响的如此复杂的事实,光靠词汇分析是不够的,词源学研究也不行。因而我们应该遍览历史与文学形象的长廊,自戴克里先皇帝到近代的如英国的詹姆士二世国王或西班牙的腓力五世,尽管压力与表面恰当的境况,却拒绝跨出那一步,究竟是什么迫使他们最终拒绝,这个猜测使得他们的拒绝更为有趣。在考虑这些人物、例子或反例之前,我们应当考虑另一个形象,在近代想象世界中意义深远的古代虔信的形象:这种虔信或领袖为了拯救人民而做出的最终牺牲并非逊位,然而,正因其意义上的差异,它却可以阐明后者。领袖的牺牲是古代虔信的本质,也是一种自杀的形式,然而却被后人抹杀,并且作为一种简单的英雄主义例证而出现。但是,鉴于其来源,其隐藏意义与其不可思议性,逊位与自杀这种极端的拒绝之间难以否认的相似性,尽管被隐藏,引发了人们的痴迷与不解,同样也解释了理论界的缄默与打造一个理论的不可能性。每个逊位的例子都伴随着冗长的篇章,而我们将试着将其阐释清楚。

1

思考令人匪夷所思的逊位

思考个人在困境中的出路

在这部作品的开端就产生了一个问题:通过一些多样的论说与些许混杂的事实——这些事实结合当时的情境与人物性格是可以解释得通的——历史学家能从时间、国度、文明都相差甚远的孤立事例中得出怎样的结论呢?正如我们刚刚提及的完全无私的爱中的例证,一些优秀的人物,他们各不相同,那么在历史学家的眼中,他们可以组合成整体的轮廓,以便思考令人匪夷所思的极端的隐退或最终的拒绝这一行为吗?

这个问题引出了一个难点:如果说众多的话语、形象、戏剧演出与沉思都集中于近代,而现今也有同样热衷于这些逊位的人物,为何至今尚未有任何解释此行为的理论,以及思考这种行为的尝试?事实上,在近代,似乎没有一部关于君主权力的论著,没有任何一个政治理论,也没有任何神学或政治哲学作品把逊位当作专门且深入的思考的目标。

16世纪末,拉丁语abdicatio被习惯用法赋予了"废黜"的意义;因而神圣联盟盟员让·布歇(Jean Boucher)神甫在其名为《论亨利三世的废黜及法国统治》(*De Justa Henrici tertii abdicatione e francorum regno*)的小册子中让读者思考亨利三世的废黜。然而,一个世纪以后,字典学家们只认可通过某一行为,某人从他拥有的权力主动辞职这一当前意义。此外他们对此意义的提出方式也是相当中立。看看菲雷蒂埃(Furetière)在1690年是怎样定义"abdication"的:"主动放弃一个职位,放弃一个法官职位。"同时他很快给出了"放弃一个叛乱且不顺从的儿子"的引伸义,即抛弃,而"放弃财产"则被引申为"彻底放弃全部财产"。对于"Abdiquer",菲雷蒂埃只提及了一个普遍的例子,而未涉及具体人名:"很多皇帝和国王都放弃了帝国、王国。"里什莱(Richelet)在这方面稍微详细些:"西班牙查理五世的逊位非常出名","卡西米尔(Casimir)放弃波兰王国从而举世闻名"。直到18世纪《特莱武字典》(*Dictionnaire de Trévoux*)才提及戴克里先(Dioclétien)和西班牙查理五世的例子,它采取了与大众对逊位这一独特行为的赞叹相对立的立场,对此行为给出了一个粗略的阐释:"某些政治家不仅没有把王位的逊让视为任性或思想的懦弱,反而将其视作伟大灵魂的体现。"①

然而,在政治理论家与历史学家的沉寂之中似乎有个特例。1625 年伟大的法学家格劳秀斯(Grotius)在其《战争与和平法》(*Le Droit de la guerre et de la paix*)一书中,在谈及君主的逊位和放弃权力这一行为(imperium abdicare 或是 abdicare regnum)时采用的方式值得我们关注。但是,书中并未涉及对逊位行为的分析,而是称述该行为的后果——对于臣下及继位君主的影响。如若一位国王或王子"放弃王位"或对其置之不理,"大家自此便可以反对他,正如反对一个普通人一样"。② 除了逊位者本身回到普通人的状态之外,格劳秀斯还补充了继位者面临的后果:在正常由父及子的继位情况下,必

---

① 直到今天,逊位看起来也没有被人们注意,1990 年的《伟大世纪词典》(*Dictionnaire du Grand Siècle*),或者 1996 年《旧制度词典》(*Dictionnaire de l'Ancien Régime*),在论及制度或者近代的事件时,都没有涉及"逊位"这一词条。而且当废黜僭主或异端君主的可能性或合法性的问题引发政治理论家、宗教学者以及法学家之间激烈辩论时,他们也没有涉及到"废黜"这一词条。见罗兰·穆斯尼耶(Roland Mounier),《亨利四世的遇刺》(*L'assassinat d'Henri IV*),Paris,Gallimard,1964,2008(再版);马里奥·图尔凯蒂(Mario Turchetti),《从古至今的僭主制与诛杀僭主》(*Tyrannie et tyrannicide de l'Antiquité à nos jours*),Pairs,PUF,2001,其中多处都论及这个问题,特别是第 354 页,第 462 页,第 549—550 页,第 557 页,他还阐述了 17 世纪苏亚雷斯(Suarez)和阿尔特胡修斯(Althusius)的政治理论。

② 让·巴贝拉克(Jean Barbeyrac)将 imperium abdicavit 翻译成"从政府中辞职";见格劳秀斯,《战争与和平法》,liv. I, Chap. IV, § 9,让·巴贝拉克新译,Amsterdam,1729 年,t. I,第 231 页。

须假定父亲没有流露任何"逊位"①意图的征兆。对于君主而言,情况更简单:不仅是为君主自己——这在法学家眼里是不容置疑的——还涉及他的后代,他可以放弃王位或者自我剥夺其继承的权利吗?② 这里格劳秀斯区分了两种情况:第一是"世袭"王国,国王死后,王位如同其他遗产一般遗传,一个剥夺了自身权利的父亲什么也不能留给他的子女;第二是秉承"均等继承"的国家,子女自出生那刻起便获得了其对王位的权利,这份权利"是人民特许的",是"与生俱来"的特权,有其历史渊源或以此权利为前提;所以,在后一种情况中,君主在放弃权力之后出生的子女便不能继承王位。③

这位伟大的法学家的思考确实展现了君主逊位后的可能后果,但是,这些后果并非与逊位行为相关联:逊位被视作一个事实,或是可能的,或是有历史实证的,然而法学家的论证并未考虑做出这一行为的本人的意图、他的自我辩解,以及我们可能加诸他身上的道德或政治的评论。在这些情况下,逊位看起来逃避了法律,甚至有可能凌驾于后者之上,因其中参与的只是君主的主观性。

---

① "希腊人所称之为的逊位,罗马人所称之为的剥夺继承权。"同上,t. II,第382页。
② 同上,liv. II, Chap. VII, § 26, t. I,第402页。
③ 巴贝拉克在1729年出版他的翻译的同时,也加上他自己的评论,他暗示读者,可以按照格劳秀斯在一个世纪之前建立的原则去解决西班牙的继承问题。

在围绕着逊位行为的这片沉寂之中,格劳秀斯的意见却指出了逊位的"可能性",而这也是事实。然而一切都一目了然。近代君主制度的所有逻辑,以及把国王视为其子民的父亲或其王国的夫婿的概念,意味着君主对其子民的忠诚不被中断,这种忠诚几乎就是宗教意义上的,且以自然秩序为基础(父亲的身份或婚姻),而这个"自然"秩序依托的是上帝保障的天国秩序,加冕礼时的礼拜仪式提醒了我们这点。[1] 在逊位本身的可能性之中,难道就没有自相矛盾甚或荒谬之处吗?如果一位国王之所以成为国王,并非出自人类的意愿,亦非其本人或他人(他的父亲,一个组织,选择者,等等)所愿,而是出自上帝及自然不谋而合的一致命令,那么人的意愿(他本人的或他人的)怎么能够摆脱它无力做到的东西?因而一位国王无法阻止自己成为国王,这在某种意义上来说是打在他身体之上的烙印:他的血液,一代代地传承,属于一类人并且赋予他们高贵与合法性,他不可避免地将这种神秘而非意识的特权遗传给他的后代,他这个族群的所有人。在关于近代王国的政治表现的论著中,伊夫-马里·贝尔塞(Yves-Marie

---

[1] 见贝尔塞(Yves-Marie Bercé)出色的概括:《被隐藏的国王:救世主和伪君子,近代欧洲的大众政治神话》(*Le Roi caché. Sauveurs et imposteurs. Mythes politiques populaires dans l'Europe moderne*),Paris, Fayard, 1990,以及《君主制》(*Les Monarchies*),Paris, PUF, 1997,第227—322页。

Bercé)清晰地展现了被他人认可而本人却未曾选择也无权逃避的地位与权力是如何强加到国王身上的。①

事实上,国王既不能支配他的王冠也不能掌控它的继承。王冠不属于他:怎样放弃一样不属于你的东西呢?路易十四自认为可以选择他的继承人以及他的私生子的地位,圣西蒙(Saint-Simon)在对其猛烈的抨击中完美地表达了这个观点:"已然衰老的处于权力巅峰的国王忘记了他的王冠并非属于他本人,他也无法支配它,那只是他从父辈的手中以替换的名义接收而来的,而非从自由遗产继承而来。"②一个无力掌控其"国王"身份的国王,怎么可能抹去他身上的这个印记与这份权力呢?对他而言,逊位不仅是绝对禁止的,而且无法想象,一件彻底的荒唐事,这也许解释了文本与理论对逊位行为的沉默,因为没有任何一个演说可以针对颠覆天国和人类的所有法律的不可设想且无可能之事作出探讨。

在此,披上神圣外衣的君主专制制度与教会制度的比较可以看得很清楚。主教,更不必说教皇,他们有可能放弃他们

---

① 贝尔塞,《被隐藏的国王》,前揭,第 378 页以下。
② 圣西蒙,《回忆录》(*Mémoires*), éd. Boislisle, t. XXIV, 第 359—360 页;见 Emmanuel le Roy Ladurie,《对古典君主制本质和功能的反思(16—18 世纪)》« Réflexions sur l'essence et le fonctionnement de la monarchie classique (XVIe-XVIIIe siècle) », 载《巴洛克国家》(*L'État baroque*), Paris, Vrin, 1985, 第 XII 页。

的职责吗？1687年，克劳德·弗勒里（Claude Fleury）在其名为《教会法惯例》(Institution au droit ecclesiastique)一文中明确回答，无论什么借口，主教放弃职位都是不被允许的，而特例也不能成为威信："如果个别圣人退隐，他们的事例绝不应引起严重后果。"然而，上级可以因"合法理由"批准其下属辞职，这些理由包括力有不逮、衰老、疾病、丑闻，以及"平民难以管教，无可救药"；但如此一来，辞职不再是教士本人的至高意愿，而是上级在权衡了利弊之后，行使其职权，因而人们眼中的辞职事实上是"罢免"。无可置疑的是，对于教皇而言——弗勒里列举了1294年刚刚上任几个月就放弃了教皇头衔的切莱斯廷五世——没有任何上级可以介入：弗勒里认为，切莱斯廷五世的决定是有效的，但是他的继任者卜尼法斯八世（Boniface VIII）"认可了这个决定"，可能是出于一个假想，即原来的教皇成为普通的信徒，而新教皇则成为其上级。诚然，这位法学家写道，"还有好几位主动离职的教皇"，但是他没有列举其姓名，以致读者难以相信这些事例的真实性。①

---

① 弗勒里，《教会法惯例》，第一部分，Chap. XVI，载《作品集》(Opuscules)，Nîme, t. III，第272页。关于切莱斯廷五世，见1950年《教会历史与地理词典》中关于他的词条，以及罗马的吉尔（Gilles de Rome [Aegidius Columna]）的论著，《论教皇的退位》(De renuncatione papae tratatus)，由J. Th. De Rocaberti出版，载于《教廷箴言图书馆》(Bibliotheca maxima pontificia)，Rome, 1968, t. II，第1—64页。

无论教皇离职的情况究竟如何,主教主动离职的不可能性与世俗君主逊位的不可能性之间的比较促使我们猜想,一份同样的神圣伴随着君王的权力,并且使得逊位行为变得不可思议,即放弃一个不由自己掌控的职位。

在这些情况下,我们是否可以从历史呈现给古典时代的人,现今又供我们剖析的这一小撮令人费解且尚未得到解释的孤立的事例中归纳出理论上的后果来呢?一个历史性事实的重要性与它的频率可能是不成比例的;历史学家们已然注意到例外是有启示性的,而偶然事件可能解开困扰一个社会的谜团;脱离准则且难以被思虑或解释的事情对标准本身说了很多:"危机时刻"、"例外时刻"、"微不足道的逸事之瑰宝"可以揭示"观点的动力",可以构成一个"学派中的诱人问题",一个"有启示性理论的关键",一位研究君主制度的历史学家如此表述并补充道,事实"因其罕见且令人震撼而愈发值得我们去研究"。① 而在卡尔·施米特看来,这些"例外时刻"的意义在于验证"例外状态"(état d'exception)要面对"主权"(souveraineté),而后者的最终标准是在此"例外状态"下决定的权力。我们将不得不回到例外、主权及逊位这三者之间的关系上,但是我们已然可以猜想例外的重要性,而已被验证的

---

① 贝尔塞,《君主制》,前揭,分别为第 230、266、275 页。

实例的稀有性愈发彰显其价值。

此外,一些文学作品和想象的产物,传说和大众的诠释,抨击文章或辩护小册子,其中的"历史真实性"看似令人质疑,同样具有启示性,并且"包含的信息比事实本身更为丰富"。①在"历史"事实之外,我们对于传说、剧作、艺术作品以及诸多的例子(exempla)的诉求可能会被证明是正确的。逊位,从来没有被理论化,它在历史上地位特殊,但却不能通过某一个例进行有效验证,就像诸多罕见的事件一样,理论与实践的沉默在赋予其难以想象甚至可耻的特性的同时,也赋予其揭示性的力量。资料来源表面上的任意性与混杂性可能并不会对我们即将展开的研究构成障碍。

与此相反,被证实的逊位实例所激起的极其丰富的话语恰恰证明了其意义的重大。如果说面对逊位的法学或政治思考时,理论望而却步了,那么文学作品、小说,尤其是戏剧,展现了放弃权力这一行为的戏剧张力。甚至一些真实性堪忧的趣闻轶事,二流文本迂回拐弯处配的不带评论、传递生动形象或是转瞬即逝的痕迹的插图都是我们的资料来源,与真实的证明和严谨的演说一般。影射会被降为历史的装饰;因而,对于苏拉(Sylla)的逊位,博须埃(Bossuet)写道:"比以往更为强

---

① 贝尔塞,《君主制》,前揭,第13页。

大且健壮,他使自己回到了个人的生活,但是这已然让人们见识到罗马人民可以让一位领袖痛苦",这种行为在古希腊罗马时代的阿庇安(Appien)或者普鲁塔克(Plutarque)看来是"荒谬的"(希腊语 alogon),然而他们同样被该行为的"伟大"与"慷慨"所震慑。①

然而,戏剧演出比历史叙述更发达、更震撼。莎士比亚的《理查二世》(*Richard II*)的例子让我们记忆犹新,久久难忘,但是,高乃依的戏剧详细思考了权力,它的运作以及主人翁所在的悲剧境地,我们于其中发现了一丝甚至是瞬间的关于离开权力的企图的沉思。事实上,在高乃依的《西拿》里,逊位,至少作为假想或企图,一直盘旋于奥古斯都(Auguste)的思绪之中。此处,高乃依追随了前辈历史学家的脚步:迪翁·卡修斯(Dion Cassius)将他的《罗马史》(*Histoire romaine*)卷 52 命名为"奥古斯都是如何产生放弃君主权力的想法的",道德家们对这个惊人的打算疑惑不解;高乃依一开篇就引用了蒙田,

---

① 博须埃,《普遍历史叙说》(*Discours sur l'histoire universelle*),III,VII,特吕谢(Truchet)编纂,Paris,Garnier-Flammarion,第 420 页。普鲁塔克的《苏拉传》(*Vie de Sylla*)是博须埃这些观点的来源;见《名人传》(*Les Vies des hommes illustres*),Paris,Gallimard,Bibl. de la Pléiade,1967,2 vol., t. I,第 1065 页。关于苏拉的逊位,有一份记录涉及到心理学以及跨时空的重建,见杰罗姆·卡哥皮诺(Jérôme Carcopino),《苏拉或缺失的君主制》(*Sylla ou la Monarchie manquée*),Paris,1931,第 205—215 页。

后者强调了奥古斯都的"极大的不安",他指出皇帝对于其生存的理由,以及一连串的报复与残忍举措产生疑问,并将之形容为陷入"焦虑"之中。① 奥古斯都奇怪的倦怠同样令政治作家们惊诧:卡里尼(F. de Carrigny),哥伦比公爵(Sr de Colomby),即马勒布的侄子,在 1624 年给掌玺大臣的一封信中写道,"伟大的奥古斯都,人类唯一的主宰,在一片平静与无可比拟的荣耀之中",不得不"承认在帝国的操心事给他造成的持续性倦怠之中,找不到比考虑放弃他的权威更为宽慰的事"。②

在高乃依剧作的第二幕开头,奥古斯都最初的话是关于"主宰的权力"与"无限的伟大",以及享有这份权力所造成的内在的距离感的沉思,"享有它的同时就停止了对它的热爱"。③ 紧随"欲望"实现的除了帝国的操心事与惶恐不安之外,还有失

---

① 见高乃依,《作品全集》(*Oeuvres complètes*), Paris, Gallimard, Bibl. de la Pléiade, 3 vol., t. 1, 1980, 第 1581 页关于迪翁·卡修斯, 第 910—911 页关于蒙田(《蒙田随笔集》[*Essais*], I, 24)。关于对《西拿》的解读, 见安德烈·施特格曼(André Stegmann),《高乃依的英雄主义:诞生与含义》(*L'Héroïsme cornélien. Genèse et signification*), Paris, Armand Colin, 1968, t. II, 第 584—587 页, 以及马克·福马罗利(Marc Fumaroli),《英雄与演说家》(*Héros et orateurs*), Genève, Droz, 1996, 第 47—48、334—345 页,等等。

② 由艾蒂安·蒂奥(Étienne Thuau)引用,《黎世留时代的国家理由和政治思想》(*Raison d'État et pensée politique à l'époque de Richelieu*), 2ᵉ éd., Paris, Albin Michel, 2000, 第 211 页,注释 5。

③ 高乃依,《西拿》,第 364 行。

望,标志其到达巅峰的"休息"的缺失。于是两个人物出现在奥古斯都面前:曾经放弃最高权力的苏拉,遭遇刺杀而亡的凯撒;而这就是呈现给他的两个命运:"皇帝,或是普通公民。"①西拿把君主的思虑解释为简单的"感触",他提出了另一个与之相对立的论据,即离开权力意味着承认曾非法窃取,意味着谴责凯撒的声誉,并使得"战争的权力"变得可疑。② 相反,马克西姆在肯定奥古斯都通过"一场正义之战"取得政权的同时,通过把君主的境况拉回到人的普遍境况而为逊位辩护:跟"所有人"一样,因而跟一个普通个体一般,皇帝有保留"他的财产"或"放弃它"的自由,这个论据将王位视为可以作为遗产赠予的财产,这与人们通称的王室特例相悖。在逊位中,马克西姆看到的是对权威"低于"放弃权威的人的肯定:

> 您的无上功绩足以蔑视帝国,
> 您也将在后世扬名
> 不是因为征服了帝国,而是因为放弃了它。③

这些将至高权力与其逊位进行比较的论据,与第四幕中

---

① 高乃依,《西拿》,第 404 行。
② 同上,分别为第 411、421 行。
③ 同上,第 474—476 行。

奥古斯都获悉西拿谋反时的独白构成了呼应。这里,占据皇帝内心的仍然是放弃权力的企图,回归自我,对残忍的厌倦,反复出现的死的欲望与复仇的想法。① 独白的内心深处,仍然是"绝对的权力"和"同时逃避一切他自荐的"人的不坚定,这些被融入了一个关于追逐无止境的"欲望"和复仇以及什么会将王子地位降为普通人的疑问之中。奥古斯都将自己定义为"不幸的君主",将一种会逐渐伤害自己的怀疑引入绝对权力的空间;"不幸的君主"陈述了用语中一个绝对的矛盾,似乎只有"死亡"或"统治"二选一方能定义。不久之后奥古斯都与利维亚(Livie)的对话中也会有类似的矛盾;在那里,幸福与权力被拿来对比:

> 西拿拥有的一切权力与荣誉,
> 正如他厌倦了,我向往他的幸福。②

在暴风雨后找到港湾,只看到"休息或死亡"的终结,这似乎以两种放弃权力的方式解决了矛盾,同时体现了"绝望而非慷慨"。③ 唯有奥古斯都对西拿的宽恕可以超越矛盾,不会将

---

① 高乃依,《西拿》,第 1121—1192 行。
② 同上,第 1227—1228 行。
③ 同上,分别为第 1235—1236 行,以及第 1240 行。

君主的地位降到普通生活的休憩之中,而且可以,不以死亡的方式,挽救绝对的权力。逊位——"离开我的绝对权力"①——是一份诱惑,唯有在"不坚定"的瞬间可以感受到,为权威所排斥的"休息"的迷惑力。

这份诱惑在高乃依其他悲剧中也有体现。在《罗多庚》(Rodogune)中,塞琉古(Séleucus)将罗多庚的爱情与"王位"进行了比较,并对安条克(Antiochus)宣告:"为了我禅让的王位,请将罗多庚让给我。"他还补充道:"您满足于王位,而我则满足于我的公主。"②王位与爱情被作为"欲望"的物品进行了对比,而国王的身份似乎与公主的爱情同等重要。但是,自相矛盾与将权力降至与爱情同等的"物品"之列,将因这份爱情的"变味"与对其真正性质的认可而得到解决,这不是一份私人的情感,而是只能针对王国的情感,正如安条克表述的那样,"国王"支配普通人:

> 她应该嫁的人,不是你,不是我,
> 而是你我之中当上国王的人。③

拒绝权力不再被视作为了爱情所做的牺牲,而是牺牲了

---

① 高乃依,《西拿》,第 1466 行。
② 高乃依,《罗多庚》,第 123、128 行。
③ 同上,第 157—158 行。

爱情,因为爱情只是针对"国王"。如此一来,个人的意愿被权力的欲望所支配,而当爱情不再被视为"私人"情感时,逊位变得难以想象。

这份对于权力,对其矛盾以及其非人性处的思考,因古典时代的政治理论家无人做过类似的研究而愈发震慑人心。似乎这种思考缺乏自己的领域,而是从另一块领域中诞生。我们是否应该认为逊位即是权力之欲被压抑的另一面,而诉诸戏剧创作、历史演出、传说,甚而是民间创作可以认可并且展现这份渴望?为了表述思想难以表达的东西,以神话、传说、戏剧与诗歌的方式婉转表达成为必须。

在其他领域也一样,尽管基督教思想与哲学理性主义占据着表面的统治地位,古典文化也不断援引古代神话,进而起到了类似的作用;它使得我们可以接触生与死、血统或爱情这些极端问题,而正统观念对于这些问题只有一些习惯答案;因而,我们可以说,在近代,戏剧、诗歌、小说、绘画与音乐担负起了文化与传统中无法想象或多余的部分:任意就可以举出几个人名,普桑(Poussin)、拉辛、费奈隆(Fénelon)、库普兰(Couperin),他们都是接触一切宗教、政治或理性主义正统观念所逃避的很好的证人。通过历史与文学人物婉转地思考逊位,远非次要的图解,而是对其必要性的彰显,对我们研究方式的正确性的证明,而这种研究依托于一系列表面上看似不一致的逊位君主。

2

忠诚的王子

逊位是君主自愿放弃权力并回归个人身份的行为。近代有史可据的逊位第一例便是罗马皇帝戴克里先(Dioclétien)。然而,在这种所谓的"近代的"放弃权力的方式之前,一种看似"古老的"方式,即首领的牺牲,对于人们的想象影响深远,并且尽管它难以理解或受到抑制,却仍然在近代君主的逊位之后残存了下来。

这个概念尚未被理论化,只是体现于一些典型的人物之中,它同时融合了两种来源,一种是圣经与基督教的,另一种则是古罗马的,与此同时,尽管概念过时了,即使当历史条件与《圣经》或古罗马故事中的条件已然没有任何关联,它的影响犹存。根据产生于12、13世纪且被恩斯特·康托洛维茨(Ernst Kantorowicz)完美陈述的其宗教与政治面的政治概念,即国王的两个身体的概念,国王类似于天使,他同时是一位新生的基督。① 这个理论对于中世纪的英国意义重大,而它所依托的文本及其所展示的思想引起了极大的反响,并且经常被用于或是很容易被用于近代的君主制王朝。伊丽莎白时代的法学家埃德蒙·普洛登(Edmond Plowden),通过研究国王的私人属性与权力属性之间的区别,以最为清晰的方式陈述了这个理论:国王有两个身体,其一是自然的身体,是必然死亡的,必须面对人生中一切的事故;另一个是政治的身体,无需面对自然条件,由"一个政治的社会与一个政府所构成,同时其组成的目的在于领导人民与管理大众"。② 因而,自然身体的虚弱或不足不会影响政治身体的能力,而国王因其自然身体,不能支配其政治身体。因而,排除了自然的意外事件的约束,国王可以被视作圣灵或拥有了天使的特性。在此,我们可以看到一个源于《圣经》并以《国王书》(livre des Rois)的第 2 卷第 14 章第 17 节为根据的主题:"我的国王就像一位上帝的天使,无论他人说他好话或坏话,他皆不为所动。"第 20 节上还有:"您就像上帝的天使一样睿智,地上没有什么是您不知道的。"这些经文的译本可以一直追溯到近代,

---

① 恩斯特·康托洛维茨,《国王的两个身体:中世纪政治哲学研究》,法译,Paris,Gallimard,1989。(以下页码均来自法文译本。)

② 由康托洛维茨引用,同上,第 22 页。

直至博须埃,"上帝的天使"是"上帝"的另一种表达方式。①正如康托洛维茨所展示的那样,伊丽莎白时代法学家们的定义至少可以被称为"隐秘神学的",而且导致了"王权的基督化",国王的两个身体对应于基督的两个属性。②

更准确地说,康托洛维茨提出,在英国最为古老的政治理论中,王权是"基于基督而建立的"。诚然,这是一个中世纪的古老想法,即国王并非一个纯粹的世俗人、一个普通人,但是尽管古老且早已被法学家们的观点所超越,这个想法把国王的王国变成了基督统治的王国。正因如此,在公元1100年左右,康托洛维茨口中的诺曼底的无名氏将以色列的国王描述为一个双重人:一方面,他因自然法则而与其他人一致;另一方面,因蒙受天恩、被神明化及接受圣礼,他成了"基督",一位"上帝-人"。国王成为"似基督"(christomimêtès)、"基督肖像"(imago Christi)。③ 罗马教廷的演变,即成为圣职领域,危害了所有天主教王国,始于12世纪主权国家的世俗化很快使得这些观点过时;然而,尽管让王权以基督教为中心的想法已

---

① 这些诗句在《圣书中的政治》(*Politique tirée de l'Écriture sainte*)中被重复了三次。我引用的是博须埃的译文。
② 康托洛维茨,《国王的两个身体》,前揭,第28页和第29页。
③ 同上,第51页,53页,54页,61页。需要指出的是,这里并没有说"上帝肖像"(imago Dei)。

然过时,仍然存在其他一些将国王与基督相类比的方式。在此有一点需要强调:只有在古代观念中,"权力的基督"(Christus Domini)拥有完成主要献祭行为的权力,正如《旧约》中的国王,"将自己作为鲜活的祭品,神圣的祭品,能够取悦天主的祭品";唯有他自己送上这份真正"公正的祭品"。①

我们看到一个依托于直至近代仍保存效力的圣经权威著作的献祭概念的成形:《诗篇》50:21:"那时,你必悦纳合法之祭,牺牲和全燔祭献;那时,人们也必要把牛犊奉献于你的祭坛";《诗篇》4:6:"奉上正义的祭献,对上主全心依盼";《列王纪下》14:17(就在我们刚提到的那部分经文之前):"所以你的婢女说:我主大王的话,实能安慰人心,因为我主大王对于分辨善恶,实如同天主的使者。"②

然而,在所有这些古老的理论之中,把国王视作个人的概念还没被深究。要在一个很长的演变过程之后,与古老的"国王-基督"理论不同的两个国王的理论才最终形成。根据该理论,中世纪末的王权围绕的是国家、王国与政体。王国是依照罗马天主教会的"神秘体"而建构的神秘体;而政体(politia)也是永恒的,国王与王国的关系正是借助它来定义

---

① 康托洛维茨,《国王的两个身体》,前揭,第99页。
② 同上,第99页,脚注3。[译按]此处引用圣经是武加大译本。

的,根据法学家们发展出来的国王与其王国的婚姻的比喻,这个婚姻是参照基督与罗马天主教会的婚姻,或主教与其教会的婚姻比喻。①

康托洛维茨还提到了12世纪出现的祖国(patria)的概念,该概念不能与王国的概念相混淆,鉴于神秘主义与政治之间的关系而具有重要意义。他两次研究了祖国(patria)这个概念的出现及牵连,第一次在1951年被翻译成法文的一本名为《为祖国而死》(*Mourir pour la patrie*)的文集的一篇文章中,然后在《国王的两个身体》的第5章中再次深入研究并且改写了这篇文章②。祖国(patria)这个词在古代末期已经从政治词汇中消失,却在教会语言中残存了下来:祖国,即是天国,而在《圣经·希伯来书》的第11章第14节中,死者被称为"向往祖国,一个更为美好的祖国,即天国"③。因而根据康托洛维茨的分析,为了天国而死的殉教者能够变为"公民自我牺牲"的模范。随着时代变化,祖国(patria)的概念被法学家们用于证明因为必要性与保卫"祖国"的急迫性而强制要求的一些特

---

① 康托洛维茨,《国王的两个身体》,前揭,第158—162页。
② 康托洛维茨,《为祖国而死及其他文章》,Paris, PUF, 1984;第二版,Paris, Fayard, 2004,并有皮埃尔·勒让德(Pierre Legendre)的介绍文章。《国王的两个身体》,前揭,第172页以下。
③ 《希伯来书》11:16。

别举措(税收等等)的合法性。此外,一种类似于对救世主降临的信念将法国(法国人是"自由的人")变成一个被上帝选中、授予特权的国度,因而对于上帝的献祭不仅是被允许的而且是合乎愿望的,法国成为另一方"圣土",而臣子为了君主的死变成一种与十字军战士为了圣地而做出的牺牲等价的东西。此外,自13世纪起,"爱德"(charité)也变成了一个政治概念并且用于指代为了"祖国母亲"而死:"对于祖国的爱是建立在爱德的基础之上的。"①《约翰一书》的第3章第16节致力于在定义的同时确立对于兄弟的仁爱(agapê, charitas),直至献出他的生命:"我们之所以认识了爱,是因为那一位为我们舍弃了自己的生命,我们也应当为弟兄们舍命。"在这里,家庭的比喻,母亲、祖国、兄弟,通过与基督的比喻的对比,确立了为了祖国而做出的牺牲。②

然而,除了圣经来源之外,对于爱德(charitas),神学家们还融入了古代来源与世俗来源:他们举了西塞罗(Cicéron)的例子,在西塞罗看来,父母、子女、家庭对于我们而言,都是珍贵的,他把爱德所有的联系都并入了祖国之中:"假如死亡可以有益于祖国,那么怎样的公民对于欣悦地接受死亡会有犹

---

① 康托洛维茨,《国王的两个身体》,前揭,第173、175、178页。
② 我们也想到,圣保罗想"为了自己的兄弟而被诅咒",见《罗马书》9:3。对于这一节的解释,见勒布朗的《纯爱》,前揭,第49—64页。

豫呢?"①圣托马斯·阿奎那与根特的亨利(Henri de Gand)同样依托于这个来源的多样性以便称颂自我牺牲。② 我们仍需研究一个章节在几个世纪中不同的阐释,用皮埃尔·切萨雷·波里(Pier Cesare Bori)的话来说就是"无尽的阐释"③,这是《感恩歌》第 8 章第 6 节所说的"Fortis est ut mors dilectio",即"爱情如死亡一般强大"④。

我们应当在但丁写于 1310 年左右的《论君主制》(*De Monarchia*)中的一段文章上停留片刻。在这段曾被康托洛维茨特别指出的文章中,我们看到对于法学家与文人们,祖国的伦理观是如何参照世俗平民自愿赴死的事例而形成的。⑤ 在这本书中,但丁在第一部分陈述了什么是普遍意义上的"君王",然后第二部分提出"完美的君主制度"存在于奥古斯都统治期间的罗马,最后在剩余的篇幅中,他将这些原则应用于将

---

① 西塞罗,《论责任》(*De officiis*),I,57,由康托洛维茨引用,《国王的两个身体》,前揭,第 179 页。

② 圣·托马斯,《神学大全》(*Somme théologique*),Ia,q.60,a.5,即:"一个有德性的公民,应为保全整个国家而甘冒生命危险。"

③ 《无尽的阐释》(*L'interprétation infinie*),法译本,Paris, Cerf,1991。

④ 由康托洛维茨引用,《国王的两个身体》,前揭,第 180 页。我也可以将其与西塞罗的《论责任》中的话相提并论:"祖国比我的命珍贵。"

⑤ 康托洛维茨,《国王的两个身体》,前揭,第 180 页。

罗马教廷与世俗化国家相对立的争辩之中。① 其中第二部分值得我们研究,因其展示了君王相比其他人具有的完美态度的"历史"实例,这里的"君王"指代的是唯一拥有绝对权力的个人。

第一部分已然将君王的责任与对他人的爱联系在了一起。君王就是拥有"完美的爱"的人:"此人心中至高无上的完美的爱为公正让出了其应有的位置;然而这就是君王的本性。"②稍远一点,但丁写道:"在君王的心中,应该存在着一份人与人之间最为完美的爱。"再远一点:"同样作为必死之人,君王却是他人好好生存的理由,因而他必须以至高无上的爱去爱护他人的财产。"③古罗马人民提供了对于大众利益忠诚与无私的最好例证:"避免一切贪欲,因为这种激情总是大众财产的敌人,同时显示对于自由下的普遍和平的热爱,这个睿智、虔诚与荣耀兼具的民族,正如我们能够看到的那样,为了大众利益,为了人类的拯救,忽视了自身的利益。"而且但丁列举了那些"对于公共财产忠诚且努力通过他们的汗水、贫穷、

---

① 此处我参考了安德烈·佩扎尔(André Pézard)的翻译,但丁,《作品全集》(*Oeuvres complètes*),Paris,Gallimard,Bibl. de la Pléiade,1965,第631—740页。卷3想证明的是,皇帝直接掌握上帝的权力,而不是通过教皇这一中介,也不需要教皇作为他权力的来源。

② 但丁,《论君主制》,I, XI, 13。

③ 同上,I, XI, 15 和 18。

自我放逐、儿子的死亡、家庭成员的失去,以及最终他们的生命为献祭,来增加大众的财富"的古罗马人的事例,每一个这样的"牺牲"——这是但丁使用的字眼——都有一个伟大的古罗马人的例证,辛辛纳图斯(Cincinnatus)、法布里修斯(Fabricius)、卡米卢斯(Camille)、布鲁图斯(Brutus)、穆修斯(Mucius)、德西乌斯(Decius),以及因保持了"真正的自由"而被但丁称颂其"难以言喻的牺牲"的加图(Caton),所有这些"忠诚"与彻底忘我牺牲的事例,我们将会回过头来研究。① 康托洛维茨已经注意到对于为国牺牲的赞颂是如何在宗教领域提出并且引起一种变化,对于最终目的的表达的变化,不再是永恒的真福或天国的荣耀的获取,而是另一种荣耀,在后世享有盛誉的荣耀,这种符号被历史学家称为"世俗化",但是用灵修学的词汇来说同样是放弃自我的彻底无私的符号。② 不管怎么说,最初的如殉教者一般为国牺牲的宗教观念是先于这份宗教情感在政治上得到运用的。

尽管他们的彻底性及其与神秘主义的最终提议之间存在关联,在此,我们不会强调吉罗拉米(Remigio de' Girolami,卒

---

① 但丁,《论君主制》,II,v,5,9,9—18。这些例子在但丁的其他的作品中也被提及:《会饮》(*Banquet*),IV,v,13—16;IV,xxviii,13—19;《炼狱》(*Purgatoire*),I,31 以下。

② 康托洛维茨,《国王的两个身体》,前揭,第 180—181 页。

于1319年)的边缘化观点,他鼓吹为国而死,不仅是自然的死亡,而且是永恒的死亡,为了挽救世俗国度而蔑视永福与天国的荣耀。但丁没有走到这种认为人在作为一个自然人之前首先是一个公民的极端。①

☆

为祖国而死中有一例特殊情况,既与前面提到的相关联,又有区别,这就是国王为了祖国而做的牺牲。对于那些广为流传的卓越的古罗马人而言,这指的是一些被授予了重要职位的城市公民(执政官,独裁者),我们将回头来看他们的事例;对于国王而言,这指的是位于一个如神秘体般的国家的权力巅峰的人。在此,我们要在未来的教皇庇护二世(Pie II)恩尼亚·西韦洛·皮克洛米尼(Aeneas Silvius Piccolomini)于1446年发表的名为《论罗马帝国的起源与权威》(*De Ortu et auctoritate imperii Ramani*)的文章上停留片刻,这篇文章比但丁的《论君主制》晚了一个多世纪。于此,康托洛维茨再次强调了其意义。根据论著的作者,他追随柏拉图与西塞罗的脚步,"我们生下来并非只是为了我们自己"②;因而君主可以要求

---

① 康托洛维茨,《国王的两个身体》,前揭,第346—347页。
② 西塞罗,《论责任》,I,22,引自康托洛维茨,《国王的两个身体》,前揭,第191页。

我们献出生命,并通过那些为了一个更为广阔的共同体而牺牲的杰出人物的事例来证明这点:约拿(Jonas)同意跳入大海以避免船只被暴风雨吞没;阿里昂(Arion)最后一次弹奏着他的齐特拉琴跳入了大海并被一只海豚所收留①;库尔提乌斯(Curtius)与伊菲革涅亚(Iphigenie)也牺牲了自我;"Expedit unum hominem mori pro populo",即"一个单独的人为了一个民族而死是合适的",福音书中这样写道②。

因而,君主作为国家这样一个神秘体的首领,"当永福(salut)需要如此的时候,应当献出他的生命"③。正如《新约·歌罗西书》里面写的那样,基督是"教会的首领";将这些定义应用于君主身上,把教会(ecclesia)转变为国家(respublica),意味着君主被视为类似于基督④。因而,我们要比为了国家的永福而牺牲自我的城市公民的层次要高。

这些中世纪的文本依赖于一系列对于《圣经》的援引以及一些经典拉丁语作者的借用,我们可以从中看出一个君主牺牲概念的成形:君主,正如一位新生的基督,负有为了其民族

---

① 希罗多德,I,24。
② 《约翰福音》18:14,该亚法(Caïphe)的话。
③ 恩尼亚·西韦洛·皮克洛米尼,引自康托洛维茨,《国王的两个身体》,前揭,第191页。
④ 《哥罗西书》1:18,《以弗所书》5:23:"嫉妒是教会的首领(caput)。"

牺牲自我,为了拯救国家放弃一切——不仅是他的权力还有他的生命——的使命。在这些验证这个牺牲概念的事例之中,对于基督的模仿在基督教世界中占有重要的地位,然而那些平民的例证,那些古罗马人,同样被一直提及:后者口中的领袖的虔信(devotio),指的是为了其民族的拯救牺牲自我,甚至不惜生命的行为,这对于古罗马人意义重大,牺牲被仪式化,成为权力最终的方式并且通过一些代表人物来体现。能够并且愿意为了其自身民族牺牲自我,这是否就是君主权力的巅峰?

古罗马人与首领的虔信

李维(Tite-Live)展示了一个关于起源的故事,它具有基础性的意义。《罗马史》(*Histoire romaine*)中好几段都值得研究。卷3的第1章指出了誓愿(votum)的功能及效应;这个文本日后将反复被使用、解释及改写直至近代①。一场传染病在罗马肆虐,不仅在一些重要人物(执政官,占卜官,元老院的首领)周围传播,而且也殃及"一些平民"。"元老院缺乏人类的援救,将其人民引向天神与誓愿;他们命令人们带着妇女与儿童去哀求并且要求天神赐予和平。"人们齐聚于所有的神庙之内,母亲们伏拜着,用她们的头发清扫庙堂,乞求上天的原谅与瘟疫的终结。李维对于神圣一向态度暧昧不清,他记录

---

① 李维,《罗马史》,卷3,第7章,7—卷3第8章,1。

道:要么是天神同意给予和平,要么是不幸的时节已然过去,病人开始康复,而人们又开始热衷于政治。

因而存在着一个祸害,一些"誓愿",后者由哀求与对天神的要求,以及最终的治愈组成;但是誓愿的内容——包含可能的交换或可能的承诺——却不明确。17 世纪的翻译家布莱斯·德·维吉尼亚(Blaise de Vigenere)在翻译此段时将其转向了基督教意义:"元老院如此缺乏援助与人类的宽慰,要求每一个人虔诚敬神,许下誓愿并且乞求天神(ad deos ac vota),男人、女人和年幼的孩子,为了重新获得和平与仁慈,摆脱他们现有的疾病的困扰。"①

李维卷 5 的其他一些章节也值得我们研究。这里涉及的既非"誓愿"亦非严格意义上的"虔诚",而是"牺牲"与"宗教"。② 我们身处古罗马被高卢人占领的时期:如果召唤他的不是冒着生命危险完成一件宗教行为的欲望,那么这将只是勇气或鲁莽的例子。这是年轻的古罗马人盖乌斯(Gaius Fabius Dorso)的故事,他如完成仪式一般穿上他的托加宽长袍,穿越敌人的防线以便在奎里纳尔山完成他们家族传统的祭

---

① 《维吉尼亚法译李维十书[……]》(*Les Décades qui se trouvent de Tite Live mises en langue française* [……] *par B. De Vigenère*),Paris,1617,第 109 页。

② 李维,《罗马史》,卷 5,第 46 章。

祀:敌人都惊呆了,他穿越了他们,完成了祭祀,对于死亡的畏惧都未使他推迟,最终毫发无损地回到了朱庇特神庙。能让我将其置身于"忠诚的"古罗马人之列的是其行为的仪式性,特别是他穿上托加长袍的方式,这也将是其他一些人"牺牲"自我的方式。

然而李维卷5稍前一点的地方,即第41章,这里涉及的是行为中体现出的"忠诚"、个人牺牲,在记录古罗马人勇气与无私的传记中可以找到,面对高卢人的入侵,古罗马大法官们"一心赴死",身着最为庄重的衣服,坐在他们的象牙座椅之上,口中重复着大祭司的话"他们为了祖国与古罗马公民而献身",等待着敌人的到来。我们对于高卢人来到的这个场景非常熟悉,画家们曾数次重现,面对着这些有如雕像一般的威严的老人们,高卢人的犹豫与敬意,高卢人触碰马库斯·帕皮利乌斯(Marcus Papirius)的胡子的动作,后者用其象牙手杖给予的一击,老人们被屠杀于他们的座椅之上。这里便是一幅有如开幕典礼般的"忠诚"的场景,而对于李维,这已然宣告了古罗马人在天神的帮助之下的复仇。事实上,在这种情况之下,便有了虔信,即自愿之死。象牙手杖那一击只能是自愿的,其后果是显而易见且可预见的:牺牲者必须是为了确保拯救他人自愿而死。然而,这些事例只能将我们引向虔信的仪式,首领的虔信,自愿的仪式献祭。

我们应当走近些看看古罗马虔信的仪式。① 虔信标准的例子便是执政官普布利乌斯·德西乌斯·姆斯(Publius Devius Mus)在维苏威(Veseris)战役中的事例,它结束了古罗马与拉丁人民在公元前340年的战争。李维讲述的场景,不仅是首领牺牲仪式的描述,也是几个世纪以来人们不厌其烦地重提的范例(exemplum)。② 因而虔信在成为范例之前,首先是一个仪式,即一个集行为与语言的整体,为了某个明确目的而在特定的环境中执行。

李维的故事呈现而且强调了一个献祭的形象。这个形象是三重的,并且出现在三个故事之中:在李维的故事里,德西亚家族(Decii)中有三个虔信的例子,而除了这个三重的德西亚家族的形象,李维又添加了其他一些"忠诚"的人物,不论是主要人物的预兆或是回应,他们同样在传统中起着重要的作用。仪式场景的第一例出现在李维的卷4中,这是古罗马人与萨姆尼特人(Samnites)的战争期间,公元340年,执政官普布利乌斯·德西乌斯·姆斯的献祭。这个场景之前是一个重

---

① 对于虔信仪式的精彩介绍,我们将借助布洛什(R. Bloche)与吉塔尔(Ch. Guittard)对李维《罗马史》卷8的引言,Paris, Les Belles Lettres, 1987,第55—88页(p. LV-LXXXVIII)。这一部分启发了我们,在下文中我们不再重复引用。

② 这是保存在瓦杜兹(Vaduz)的美术馆中的鲁本斯画作的主题。

复的梦境,两位执政官做的同一个梦。这个梦宣告了虔信的条件,揭示了阴魂与大地母亲的要求,又被肠卜师们检查了牺牲者的内脏后的回复所确认。①

然后,还有一个献祭的场景位于虔信之前。这里指的是执政官提图斯·曼利乌斯·托加图斯(Titus Manlius Torquatus)的儿子的死:执政官的儿子对敌方首领提出挑战,与之决斗并且杀死了对手,然而这一切违背了他父亲及执政官们的命令。于是这个儿子被判处死刑并且立刻执行,"这对于未来是个不吉利的事例"。这是违背法律,违背"父亲与执政官统治"的事例;同样也是面对既不尊重执政官权力也不尊重父亲权威的人,恢复秩序的事例;这个悲伤的事例,却有益于大家坚定对未来的信心,"认可执政官的权力"②。

这个序曲中,已然出现儿子的牺牲,这一主题将在神秘主义传统中反复再现直至费奈隆,在此序曲之后,我们便可以接触到虔信的主要仪式,这个仪式将承诺、胜利与死亡结合在一个共同体之中。事实上,正是在这些序曲之后才出现了德西亚家族成员的第一例虔信。李维的卷8的第9、10及11章极尽详细地描述了献祭形式,而此行为的意义因而得到了更好

---

① 李维,《罗马史》,卷8,第6章,9—13。"将军的军队要虔信敌方的与自己这边的神灵,这样的军队才能将胜利献给它的人民和国家。"

② 李维,《罗马史》,卷8,第7章,分别为22,15,17。

的体现。让我们跟随李维的故事。

战争开始了,结局是未知的,于是执政官普布利乌斯·德西乌斯·姆斯"以洪亮的嗓音"①喊道:"我们需要天神的援助,马库斯·瓦列里乌斯(Marcus Valerius);来吧,罗马人民的祭司,将那些话语口授给我,以便我可以为了罗马军团牺牲我自己(me devoveam)。"在这些动作(戴上头套,手放到托加长袍里,脚置于一杆标枪之上)之后,执政官发表了如下演说:

> 雅努斯(Janus),朱庇特,战神父亲,奎里努斯(Quirinus),贝罗内(Bellone),拉雷斯(Lares),新兴诸神,不尽责的神灵们,力量施加于我们与敌人之身的神灵们,还有您,阴魂之神,我乞求你们,恳求你们并且请求你们发发慈悲,将力量与胜利赐予罗马人民,同时用恐怖与死亡打击罗马人民的敌人。正如我如此庄严地宣告,为了罗马人民的共和国,为了罗马的军队和军团,为了罗马的后备力量,我将敌人的军团与后备力量与我一起奉献给阴魂之神与大地。

说完这些话,德西乌斯·姆斯让人告诉另一位执政官他

---

① 这个细节在仪式中并不是微不足道,因为声音不仅具有形式意义,也是一种行为。

已经"献祭了"(devotum),然后:

> 以拉齐奥人(Gabies)的方式将托加长袍束紧,他全副武装地跳上战马,在双方军队的众目睽睽之下,冲到敌人之中;他以一种高于人类的威严出现,似乎是上帝派来为天神的怒火赎罪的,将灾难从己方转移并将其投掷到敌人之中。如此他所带来的恐惧起初在拉丁人的旗手之中引起混乱,随后彻底深入整个军队。①

德西乌斯·姆斯的虔信并没有结束战争,反而给出了一场新战争的信号,这场战争是在另一个基础之上进行的,其参与者是另一位执政官提图斯·曼利乌斯,他已经牺牲了自己的儿子,打算运用战争艺术的所有资源。如此一来,一方面,德西乌斯的虔信举动"将来自于天国与地狱诸神的所有威胁与危险都转向了自己",而另一方面则是曼利乌斯的勇气与明辨力:在这种情形之下,同等的荣誉属于这两位执政官。通过明确指出在每种情况下虔信所需完成的仪式,李维对于普遍意义上的虔信,"自我牺牲"或是"牺牲"敌人的定义作了补充说明。②

---

① 李维,《罗马史》,卷8,第9章,4—11。
② 李维,《罗马史》,卷8,第10章,7—14。

为了理解李维讲述的具有开端意义的故事,看一下人们对于虔信所能给出的各种解释是有益的,当然虔信的意义仍然晦涩不明。我们应当把它与其他哪种行为或仪式相联系呢?我们不如先注意几个猜想。通过列举几个并非虔信却与之接近的行为,我们可以更好地把握其意义及其独创性。我们首先可以将虔信与自杀相关联,这份关联之中存在着众多差异之处(死亡的施动者并非行为主体而是敌人,此外,虔信的人可以活下来),却可以深入研究。在维吉尔(Virgile)的笔下,被埃涅阿斯遗弃的狄多自杀,但是,通过这个行为,自杀之前她进行了诅咒及向天神的祈祷,她打算将背叛她的人引入厄运;因而狄多的自杀也是虔信的一种形式,通过这种方式,借助于天神的帮助,自愿赴死的她能够对其对手施加一种致命且有效的行为。[1]

其次,我们可以将虔信与献祭相关联,在"祝圣"仪式的过程中,"虔诚之人"是某种被献祭的牺牲品;这是奥古斯丁的观点,他将德西亚家族的虔信称为祝圣(consecratio)。[2] 但是如果说他是牺牲品,虔信的人同时也是献祭之人,他将牺牲品作为祭品用于赎罪及平息诸神的怒火。[3] 而一种类似的表述也

---

[1] 维吉尔,《埃涅阿斯纪》(*Énéide*),IV,第550行以下;第612行以下。
[2] 奥古斯丁,《上帝之城》,V,xviii,2,226。
[3] 李维,《罗马史》,卷8,第9章,10。

被应用于德西亚的儿子的虔信,同时指出"德西亚家族"注定就是来赎罪的。①

李维的故事中,继公元前340年普布利乌斯·德西乌斯·姆斯的虔信之后,其后的两个虔信的例子是执政官的儿子与孙子的事例。德西亚的儿子的虔信发生于295年,第三次萨姆尼特战争期间的森提乌姆(Sentinum)战役之中,这可能是唯一有历史依据的,而其父于340年的虔信应该是种预测,以供追溯德西亚家族的荣耀之用。② 他的儿子在295年的虔信同样也成为李维故事的对象,而且其仪式相当接近于340年的那次。至于孙子,他在279年的阿斯库伦(Ausculum)战役中"牺牲自我",但是这里的很多细节都晦涩不明,因而这第三次虔信让人怀疑。无论如何,如果说,很可能唯有他儿子于295年的虔信有历史依据,那么德西亚家族的行为,作为虔信最为肯定且最为完整的例证,将作为领袖牺牲一切的无法复制的事例而不断被人们提起,直至让-雅克·卢梭。

我们应当把德西亚家族的虔信与传统中同样著名的马库

---

① 李维,《罗马史》,卷10,第28章,13。
② 李维,《罗马史》,卷10,第27—31章;也参见波利比乌斯(Polybe),II,19。

斯·坎图斯·库尔提乌斯(Marcus Quintus Curtius)的事例相联系,后者在李维的卷7中有相关论述。① 在古罗马广场的中心裂开了一个深渊并且不可能将其填满;根据神谕,唯一能将它填满的便是古罗马所拥有的最为强大的东西。② 于是马库斯·坎图斯·库尔提乌斯询问罗马人是否拥有比武器与美德更有力之物。于是库尔提乌斯决定献身于地狱的力量之中,他跃身上马,用他所有的武器武装自己,并且跃入了深渊,这一举动平息了诸神。但是库尔提乌斯并非最高首领,他没有至高无上的权力(imperium),他的献身是对于地狱诸神的赎罪的献祭,而他本人并非严格意义上的虔信。

传统中还有其他一些领袖的献祭,其他一些体现彻底忘我的行为。让我们回忆其中一些常会被提及并且对于熟知古代历史与圣经故事的人耳熟能详的。暂且让我们停留在古罗马历史的几个著名人物上。首先是执政官布鲁图斯,他不得不判处他的儿子们死刑并亲自监督其行刑,然而却无法掩饰他的父爱。③ 然后是斯凯沃拉(Gaius Mucius Scaevola)的经

---

① 在现代,无数的油画与版画都与这一主题有关;皮格勒(A. Pigler)提供了一份清单,见《巴洛克的人》(*Barockthemen*),第二版,Budapest, Akadémiai, Kiadó, 1974,卷2,第384—385页。
② 李维,《罗马史》,卷7,第6章,1—6。
③ 李维,《罗马史》,卷2,第5章,8。

典事例,他突袭到伊特鲁里亚国王波森纳(Porsenna)的营帐之中,却没有将其杀死,为了献祭他将自己的手置于火中焚烧,同时向国王宣告:"看看这就是我们力求荣耀时对自己的身体所能做的事。"于是波森纳让他离去并且说道:"你走吧,你所攻击的更多的是你自己,而不是我。"①

另一个彻底无私与忽视自身情感的例子是马库斯·赫拉提斯·普勒维卢斯(Marcus Horatius Pulvillus),他在正准备将朱庇特神庙奉献给朱庇特的神殿(Capitole)之际,获悉了其子的死讯:他只是停了下让人将其子掩埋,然后继续神庙的祝圣仪式。②

卡米卢斯(Marcus Furius Camillus)的事例更为著名并且体现了彻底的忘我,首领的无私。③ 他的事迹广为流传。在维斯(Véies)的战利品分配中,卡米卢斯似乎使自己受益,这个原始的污点即将引发命运的行动:罗马秩序混乱与骚动,平民所领导的叛乱冲突。因而,从一开始,卡米卢斯的形象就并非如李维的第五本书以及普鲁塔克的《卡米卢斯传》(*Vie de Camille*)中所叙述的那样纯洁。占领法雷里斯(Faleries)证明

---

① 李维,《罗马史》,卷2,第12章,斯凯沃拉的范例也启发了16—18世纪的许多画家;见皮格勒,《巴洛克的人》,前揭,卷2,第410—412页。
② 李维,《罗马史》,卷2,第8章,6—8。
③ 见皮格勒,《巴洛克的人》,前揭,卷2,第375—376页。

了这份掺杂着伟大与小心眼的模棱两可。① 但是卡米卢斯能够获得成功要归功于他的伟大与忠诚。② 稍后,因被判处缴纳一项罚款,他宁愿选择流放,同时向不死天神们致上了这份祈祷:"如果他因未犯任何过错而不该承受人们施加的这份不公正,那么请让这个忘恩负义的城市后悔他的缺席。"③于是城市被高卢人侵,罗马因被占领与洗劫而陷入灾难之中。前面我们回忆了第41章(对于老人的屠杀)和第46章(执政官盖乌斯的勇气)中的片段。直至此刻,卡米卢斯仍然与议会保持距离,但是,"大众的苦难比其自身的不幸更让他悲痛",他得到上天的启示,冲入议会之中,让众人攻击高卢人。④ 罗马决定将其召回,并且在他缺席的情况下任命他为独裁者。卡米卢斯挽救了罗马,李维记述了卡米卢斯当时所发表的伟大演说,而且他并没有因为占领了维斯而放弃被摧毁的罗马。凯旋罗马,卡米卢斯被称为"罗慕路斯(Romulus),祖国之父,罗马的第二缔造者"。⑤

---

① 费奈隆将其讲述给勃艮第公爵。卡米卢斯的过失出现在两段《死者对话录》(*Dialogues des morts*)之中,34与35(费奈隆,《作品集》,七星文库,卷1,第376—386页)。
② 李维,《罗马史》,卷5,第25—28章及第28章,1。
③ 李维,《罗马史》,卷5,第32章,9。
④ 李维,《罗马史》,卷5,第43章,7—8。
⑤ 李维,《罗马史》,卷5,第49章,7。

基督教"宗教敬礼"的传统

因而古罗马历史呈现的是一群宁愿拯救国家而不是拯救自我的人,他们奉献自己,牺牲自己,宁愿损失自己最宝贵的东西。我们也许会想到,基督教的胜利可能会将这些曾经辉煌的人物扔到阴影之中,在基督教的视野之中,一切的英雄主义只能是平民所渴求的圣宠的效应。无法参与由耶稣基督带来的救赎,这些所谓的英雄显示的只是虚假的荣耀,转瞬即逝的勇气,虚荣与贪欲。事实上,《圣经》与圣父作品中的很多文本都谴责了这个世界以及它的声誉。然而,长久以来,对古希腊罗马时代的事迹不那么敌视的传统一直存在。奥古斯丁在其《上帝之城》(*La Cité de Dieu*)一书中以一种惊人的方式对于李维记录的典型献祭表达了他自己的意见,细致委婉,且没有丝毫的蔑视。好几次,尤其是在开头的几卷中,奥古斯丁称颂了古罗马人并且肯定了他们具有某种美德。① 奥古斯丁提到的一个例子是雷古鲁斯(Regulus),我们还尚未说起过:雷古鲁斯宁愿向敌人投诚并且赴死也不愿意背叛他曾许下的回到他们之中的誓言。对于奥古斯丁而言,这就是天神对于他们的崇拜者毫无益处的最好证明②;这个"非常崇高的事例"证明了我们不应该为获得身体的好处而敬重天神;类似于雷古鲁斯的不幸可能会降临到一个与他一般专注地敬重天神的城市。这是对于雷古鲁斯品德的称颂,稍后些,奥古斯丁会将其与选择承受折磨而非通过自杀来逃避的约伯作比较。③ 奥古斯丁的目的——正如在《上帝之城》卷2的结尾处对于古罗马人民所做的呼吁中写的那样——在于让雷古鲁斯家族、斯凯沃拉(Scaevola)家族、西庇阿(Scipions)家族、法布里修斯家族都改信基督教,去追逐真正的财富,并将它们与"可耻的虚荣与魔鬼恶毒的背信弃义区别开来"④。

---

① 这在后几卷中有所保留。关于奥古斯丁对罗马人的态度,见 J. Wang Tchang Tché,《奥古斯丁和世俗美德》(*Saint Augustin et les vertus des païens*),Paris,Beauchesne,1938,第117—120页,以及伊万卡(Endre von Ivanka),《〈上帝之城〉中的罗马意识形态》(Römische Ideologie in der "*Civitas Dei*"),载 *Augustinus Magister*,t. III,Paris,Études augustiniennes,1955,第411—417页。

② 同上,I,XV,1—2,25—27。

③ 同上,I,XXIV。另一些对雷古鲁斯的影射,见《上帝之城》,Bibl. Augustinienne,t. 33,Paris,Desclé de Brouwer,1959,第268页,注4。

④ 同上,II,XXIX,1,95,éd. citée,t. 33,第404页。

在奥古斯丁稍后的作品《反朱利安》(Contre Julien)中,他将视角转向对古罗马英雄的评判:因为不忠,后者不配拯救;至多,在对于他们的责难之中存在着一个等级而法布里修斯没有喀提林(Catilina)那么糟糕。稍微好些的是法布里修斯家族、雷古鲁斯家族、法比尤斯(Fabius)家族、西庇阿家族以及卡米卢斯(Camille)家族,他们拥有的只是世俗的道德与一份对于争取其自身的拯救毫无益处的人类的荣耀。①

《上帝之城》的卷5以最为明晰的方式表达了奥古斯丁对于这些古罗马人的评判,在李维的前十卷中我们都可以找到这些人物。这一卷讲述了怎样以及在何种程度上罗马帝国可以被称作上帝的礼物:正是上帝"希望罗马帝国如此广阔与持久,因为被罗马人崇拜的虚假诸神对此毫无贡献"②。于是第12章便寻思为何上帝会支持罗马人同时上帝愿意协助怎样的"罗马风俗"以扩展帝国;罗马人"疯狂地"热爱荣耀,为了荣耀他们会毫不犹豫地赴死,"认为对于他们的祖国而言,成为奴隶是一种耻辱,而成为王后与情妇则是荣耀"③。因而,对于称颂的欲望与对于荣耀的激情促使他们完成了如此多的奇迹。继撒路斯提乌斯(Salluste)之后,通过介绍加图与凯撒,两位

---

① 《反朱利安》(Contra Julianum),IV,III,25。
② 《上帝之城》,V,Praefatio,éd. citée,t. 33,第644页。
③ 同上,V,XII,1,211,éd,citée,t. 33,第690—692页。

"功勋卓越且性格迥异"的人,奥古斯丁肯定了"他们完成如此多的功绩,首先是出于对自由的热爱,其次是出于对统治的热爱,以及对称颂与荣耀的渴求"①;这个赞誉将古罗马的美德置于对称颂的贪婪、对荣耀的渴求以及对统治的热爱之上。

因而这仅是些不完美的美德,甚至是些"罪恶",例如促使罗马人完成了如此多事业的"对称颂的热爱":"唯一的罪恶",即对称颂的热爱,"压制了"其他的罪恶;这也是罗马人为何毫不犹豫地将祖国的救赎置于个人救赎之上的缘由。如果有罪恶,至少也是"有益于国家"的罪恶,如"鼠疫"一般,能有助于提高人们对艺术与研究的品位。②

不管怎么说,我们最好还是抵制这份"渴求"而不是顺从它。使徒们正是如此听从福音书的建议的;他们的行为在人前闪耀,只是为了称颂上帝而非为了自身被他人所羡慕。在谈到基督徒的时候,奥古斯丁补充道:"他们追随的是殉教者的脚步,后者不是将折磨加诸于自身,而是承受他人加诸于身的折磨,以这种真正的美德,'超越'了斯凯沃拉家族、库尔提乌斯家族以及德西乌斯家族,因为这是一种真正的虔诚,而且其人数众多。"他们生活在世俗之城而后者就是他们一切使命

---

① 《上帝之城》,V,XII,2,212,第 694 页。
② 同上,V,XIII,217,第 704 页;以及 V,XIII,217—218,第 703—706 页。

的目的:他们喜欢"荣耀,期望通过荣耀,死后可以活在他们的崇拜者口中"①。因而上帝给予了他们奖赏。"他们确实为了公共利益,即共和国与大众财富,蔑视自身的利益,他们抵制了贪欲,今日他们仍然在几乎所有民族的文学与历史中享有盛誉;他们无须再抱怨至高无上的上帝的公正,'他们获得了奖赏'②。"于是,在第17章中,奥古斯丁强化了论据:如果罗马人为了世俗的祖国完成了如此众多的伟大事情,那么基督徒们作为天国的公民及未来的统治者,不应当自认为完成了一件伟大功绩,如果为了征服天国,他们已然完成了某件好事或是承受了某些痛苦。

然而,只是在第18章中才逐个详细叙述了罗马人的事例,而且奥古斯丁对于每个事例都强化了论据。首先是布鲁图斯的例子,他杀死了自己的儿子,在《上帝之城》的第3章中已经讲到过了,这里是展开论述:如果布鲁图斯可以为了临时的世俗国家杀死自己的儿子,那么为了永恒的天国,我们该时刻准备做怎样的牺牲呢? 将财富分给穷人,这并不比杀死自己的儿子要难。托卡图斯(Torquatus)杀死了自己的儿子,因其不顾父亲的命令上场作战,福利乌斯·卡米卢斯(Furius

---

① 《上帝之城》,V,XIV,219—220,第710页。
② 同上,V,XV,220—221,第712—713页。见《马太福音》,VI,2。

Camillus)也被作为例子;还有斯凯沃拉,跳入深渊的库尔提乌斯,德西乌斯一家,马库斯·普维鲁斯(Marcus Pulvillus)以及马库斯·雷古鲁斯。① 这就是罗马杰出人物的陈列馆,其所体现的自我牺牲成为奥古斯丁推荐给基督徒的榜样。

由李维树立,后被德尔图良(Tertullien)尤其是奥古斯丁所重提的这些历史神话人物——诸如德西乌斯一家,库尔提乌斯一家,雷古鲁斯一家以及托卡图斯一家——的传统中的一个关键时刻,便是托马斯·阿奎那将这些人物引入《神学大全》(*Somme theologique*, IIa IIae)之中。他们出现在针对"宗教敬礼"的问题 82 之中,是一个对于与公正、宗教、宗教敬礼、祈祷、爱慕、献祭等等相关的美德的称述。这里涉及的行为要么是内在的(宗教敬礼与祈祷),要么是外在的(身体的动作,向上帝献礼与圣物的使用),都与公正的美德紧密关联。我们需要了解虔信是否是一个"特殊的行为":

> 我回答道,虔信(devotio)来自于奉献(devovendo),那么在某种程度上以一种彻底的臣服姿态献身于上帝的

---

① 《上帝之城》,V,XVIII,1—2,223—226,第 718—729 页。

人可被称为devoti。这就是为什么以前异教徒将极度效忠偶像,为了军队的救赎自愿赴死的人称为devoti,正如李维讲述的两位平民(Decii)。于是,宗教献礼看上去就只是一种迅速地投身于与服务上帝有关的活动中去的意愿。因而《出埃及记》的第35节讲到"以色列的众多儿子们将一颗迫切的心灵与初次收获奉献给天主"。而且显而易见的是,迅速地服侍上帝的意愿是一个特殊行为。因而虔信是一个意愿的特殊行为。①

这个文本中好多东西都应当被强调。首先,词源学的推理并非没有其重要性,通过追溯其词源虔信,它使得我们可以解释基督"教"口中的"宗教敬礼"的意义;如此推论,圣托马斯引入的是不同于神学主义传统的另一个传统,并且将他那个时代(13世纪)宗教的特殊行为与其世俗拉丁渊源联系起来。这个观察之所以更有意义,是因为中世纪的人将人类历史植根于世界原初的秩序之中,同时,对于他们而言,谱系模型与植根于原初意义之中的语言理论是密不可分的。② 词源学方

---

① 托马斯·阿奎那,《神学大全》,IIa IIae, q. 82, art. 1, Resp., éd. et trad.,《宗教》, t. I, Paris-Tournai-Rome, Desclé & C*, 1932,第56页。

② 关于这些"谱系"的概念,见霍华德·布洛赫(Howard Bloch),《词源学与谱系学:一种中世纪的文学人类学》(*Étymologie et généologie. Une anthropologie littéraire du Moyen Âge*),法译,Paris, Éd. du Seuil, 1989,特别是第46页以下。

法与某样东西的"专有"名词的概念紧密相关,"属性"是其来源:西塞罗与奥古斯丁都认同这点。① 艺术与分析都回归到本义,即最初的意义。② 因而,根据昆提利安(Quintilien),词源学是最初的真实的演说或报告。③ 正如圣依西多禄(Isidore de Seville)在《词源学》(Étymologies)中写的那样,"通过看到一个名词的出处,我们将更快地理解事物的性质"④。

然而自 12 世纪起产生了一个演变,而词源学越来越不被当作能够找到来源的词语的编年史。对于圣托马斯而言,语言的秩序不再直接反映世界的秩序,因为词语作为约定的符号,反映的是一些概念,一些精神上的抽象。⑤

这些评论有助于我们理解古代的虔信者(devotus)与圣托马斯眼中的宗教道德行为虔信之间的关系:可能与起源有关,但是缺乏关键的连贯性;从关于古希腊古罗马英雄的回忆到宗教美德行为,这里面不仅有关联也有

---

① 西塞罗,《论演说家》(De oratore),III, XXXVII, 149。奥古斯丁,《论基督教信仰》(De doctrina christiana),II, X, 15,《作品集》,Iʳᵉ, t. 11/2, Paris, Institut d'études augustiniennes, 1997,第 156 页。

② 见布洛赫(H. Bloch),《词源学与谱系学》,前揭,第 54 页。

③ 昆提利安,《演说术原理》(Institution oratoire),I, 6, 28;见布洛赫,前揭,第 87 页。

④ 转引自布洛赫,前揭,第 72 页。

⑤ 同上,第 198 页。

变化。

在词源学论据之后，在圣托马斯的《神学大全》的问题82中，我们可以看到一个关于什么是古希腊罗马平民的虔信的陈述，古代的虔信者与基督徒的虔信者之间的关系，两者之间并非没有相似性，只不过需要"以某种方式"。古代的虔信者为了他们的偶像，为了军队的救赎而献出生命。基督徒的虔信者为了彻底臣服于上帝而"以某种方式"向其献身。因而，这种相似性建立的是非词源学的关联，同时重新将教外别传引入基督教神学之中。

这个关系——词源学的与历史的——使得圣托马斯可以定义基督教的虔信。宗教敬礼的定义，渴望被反复提起，评论与发展，于是可以被《神学大全》的作者明确提出："宗教敬礼看似就是一种迅速地投身于服侍上帝的活动之中的意愿。"再一次，很多事情值得注意，而首先是对于《出埃及记》第35章第20—21节的引用："以色列的众多儿子们将一颗迫切的心灵与初次收获奉献给天主。"这个文本将两个形容词"迅速的"（promptus）与"虔信的"（devotus）联系起来。在圣托马斯看来，虔信将意愿、迅速与"服侍"上帝的祭品联系了起来。

从今往后，古希腊罗马的英雄们可以被说成是如"起源"一般融入了心灵的情感部分的行为和意愿的行动，即基督教的敬礼行为之中。① 这个融入并不意味着基督教的虔信全盘吸收了古代的虔信。但是,古代英雄们将可以被以很多不同的方式重新应用于文化即近代争论之中。

---

① 参见《神学大全》,IIa IIae,q. 82,art. 1,ad IIIum。

回到古代

继康托洛维茨之后,我们为圣托马斯之后的一代,但丁的《论君主制》的阅读开设了这个章节。同样我们的罗马英雄们将出现于中世纪末与近代的赞颂英雄献祭的文学作品之中,跳出了神学范畴,像一列纪念性的长队,然而这些文学作品拥有宗教意义,场景或人物所体现出的是一种完美无私的爱。因为不久之前刚刚研究过,我们只会概要地介绍其中从高雅文学转向"通俗"文学的几位。在彼特拉克(Pétrarque)改编自薄伽丘的小说《十日谈》的《格丽泽尔达》(*Griselidis*)中,我们可以找到这些古代英雄。① 在其中,彼特拉克称赞了库里乌

---

① 雅克·勒布朗,《纯爱》,前揭,第 97 页。见彼特拉克,《格里泽尔达》,维克多·德弗莱(Victor Develay)译法文版, Paris, Librairie des Bibliothèques, 1872,第 70—71 页。对古代英雄的罗列在 18 世纪(**转下页注**)

斯、穆修斯、德西乌斯家族、科德鲁斯(Codrus)以及那些能够"完成普通人眼中的不可能之事"的妇女,如鲍西亚(Porcia)与阿尔赛斯特(Alceste),同时,他补充道,这些人物"真正地属于历史"而不是神话。

在彼特拉克眼中,古代那些"甘冒死亡风险"之人的美德应该单独被审视而不应再被放入与基督教美德的专有关系之中去考察。马基雅维利(Machiavel)的作品更为敏感,其中的古罗马英雄们拥有或重新展现出其世俗的一面。《论李维》(*Discours sur la première décade de Tite-Live*)的作者遭遇我们的英雄们并不让人感觉惊讶:后者毫无疑问全部出现在《论李维》以及这个佛罗伦萨人的其他赞颂美德(virtù)的作品之中。在《论李维》中,马基雅维利反复提及"布鲁图斯的儿子们",正如我们在李维笔下读到的那样,后者密谋复兴王国并且被他们的父亲判处死刑。对于马基雅维利而言,这不仅是称颂父亲的无私的契机,而且也是提醒新政权提防在旧秩序中获益的人:

> 布鲁图斯的儿子们[……],正如历史告知我们的那

(接上页注)的大众文学中又重新出现;见《女人们的镜子》(*Le miroir des femmes*), Bibliothèque bleue, prés. par Arlette Farge, Paris, Montalba, 1982,第339—341页。

样,与他人一起密谋反对自己的祖国,只是因为在执政官的统治之下,他们发现自己被剥夺了国王治下的一些利益。对于他们而言,人民的自由只是奴役。因而谁愿意建立一个以君主专制或共和国的形式出现却不能抵御新秩序下的敌人的政权,建立一个难以持久的政权。①

同样,当马基雅维利在《论李维》卷3第3章中回到布鲁图斯的儿子们的行刑时,他并非将自己置于道德或情感的领域,而是为了从一种更为严格的政治角度,赞叹这一行为的"实用性"与"必要性":一次谋杀对于巩固新政权永远是有益的。② 而马基雅维利评判布鲁图斯的儿子们密谋却未曾怀疑一个将他们出卖的奴隶的不谨慎,也是从纯政治角度考虑的。③ 古代英雄的形象不再与虔信的神圣性有任何关联,它被纳入一个政治思考之中,如果不怕过时,可以说是"被世俗化了"。

卡米卢斯的故事,他的放逐与回归我们都已经了解。在马基雅维利的笔下,他并不是作为被放逐之人的无私的例证

---

① 马基雅维利,《论李维》,liv. I, Chap. XVI, 载《作品全集》, Paris, Gallimard, Bibli. De Pléiade, 第424页。
② 同上, liv. III, Chap. III, 第613页。
③ 同上, liv. III, Chap. VI, 第622页。

出现,而是用来体现罗马对于一个被其以"人民之敌"放逐且"将其召回,同时从此以后把他当作君主一般崇拜"①之人的慷慨。无论如何,如果说马基雅维利讲述卡米卢斯与法雷里斯(Faléries)学校校长的故事是为了赞颂卡米卢斯的"人性与忠诚",那么其重点在于强调这一仁慈且具人性的行为的"有效性"。② 同时他为卡米卢斯放逐的理由贡献了《论李维》的一个章节,因一些纯粹功利主义的理由而批判后者:我们永远也不应当剥夺他人的利益。"如果你认为自己被剥夺了利益,那么你将永远也忘不了;正如每天都有需求,你的怨恨也在每天重生";他因而总结道:"自我招致仇恨,却没有从中获取任何利益的希望,这是一种鲁莽与愚蠢。"③

另外一个可以确认马基雅维利对待古代人物的变化的例证就是执政官托卡图斯与德西乌斯的事例。古罗马人战胜了拉丁人,这在马基雅维利看来,并非由于纪律、勇气与战士的人数,而是由于他们的首领的美德,即实现其意志与取得荣誉的完美艺术。"我们注意到,"他写道,"一天之内的前无古人后无来者的两件大事。为了增强战士们的勇气,使他们更加听命于领导且在行动中更为坚定,一位执政官自杀,而另一位

---

① 马基雅维利,《论李维》,liv. I, Chap. XXIX,第 447 页。
② 同上,liv. III, Chap. XX,第 665 页。
③ 同上,liv. III, Chap. XXIII,第 673—674 页。

则杀死了自己的儿子。"①必须有一些特殊的条件才能使得顽强的一方取得胜利。因而托卡图斯与德西乌斯的举动被阐释为使天平倾斜的"危险"与美德的例证。对于杀死亲生儿子的曼里乌斯·托卡图斯,《论李维》一书中尽是称颂,并且马基雅维利对他的严酷大加赞誉:"对于曼里乌斯处死亲生儿子的严厉行为,李维没有吝啬他的赞誉,这一行为使得军队对于执政官的命令如此顺从以至于罗马能够取得对于拉丁人的胜利要归功于它。"曼里乌斯的行为被按照功利主义的标准来评判:它"更值得称颂","而非危险",它完全有益于国家,它以"大众的益处为目的同时不应当被怀疑为篡夺王权开辟道路"。②

道德(virtù)更新了政府的"原则",召回了作为政权基础的恐怖、害怕与惩罚,这可能只是一个公民的效应,而马基雅维利再一次给出了古罗马人的例证:斯凯沃拉,法布里修斯,两位德西乌斯,雷古鲁斯,加图。③ 我们可以看到古代英雄们的道德是如何以"武力打击"、"强力打击"的形式出现的:它的意义是实用的,属于功利主义的范畴,是源自共和国"原则回归"的政治性胜利,而不属于最终的自我放弃,即无私的自我牺牲的范畴。同样值得我们关注的是马基雅维利如何以同样

---

① 马基雅维利,《论李维》,liv. II, Chap. XVI, 第 552 页。
② 同上, liv. III, Chap. I, 第 670—671 页。
③ 同上, liv. III, Chap. I, 第 609—610 页。

功能主义与功利主义的方式将"原则回归"的框架应用于基督教中圣·方济各与圣·多米尼哥托钵修会的创立:"这次更新保存了并且仍然保存着宗教",同时说服人民对统治者顺从。①

小德西乌斯的行为的功能主义与功利主义被淡化,这点在《论李维》一书末尾处再次被强调,德西乌斯因熟悉地形等军人的优点被称颂。② 至于他的"战术"所遵循的"方法",马基雅维利将其与法比尤斯作了比较。德西乌斯的战术被认为是低下的,远远不值得称颂:德西乌斯信赖冲动,法比尤斯以战斗力布局为赌注,保存战斗力以便趁敌人衰弱之际给其致命一击。③ 我们同时验证了虔信仪式及其一切特色(仪式祈祷,衣着,行为,与天神的关系,等等)的消失,与虔信的心理化:因无法通过胜利实现而通过死亡寻求永生的意愿。这与我们在《兵法》(*L'Art de la guerre*)中所能发现的正是同样的东西,马基雅维利于其中仍旧比较了法比尤斯与德西乌斯的战术,并将其称颂都给予了前者。④ 我们就快将虔信消弭于

---

① 马基雅维利,《论李维》,liv. III, Chap. I,第609—610页。
② 同上,liv. III, Chap. XXXIX,第706页。
③ 同上,liv. III, Chap. XLV,第713页。
④ 马基雅维利,《兵法》,liv. IV, Chap. V,载《作品全集》,前揭,第824页。

战术之中了;涉及的不再是献祭,也不是一种光荣与典型的死。德西乌斯的死,只是一次战术错误的结果。

可以这样说,古罗马英雄们在马基雅维利的作品中被世俗化了,而在人文主义学者的眼中则成了"美德"榜样。"美德",并非马基雅维利意义上的 virtù,而是指品德的公正与崇高。于是发展出了一个关于古罗马人的神话,他身处的时代,共和国的美德还未曾"堕落"。我们的英雄们变身为闪耀着罗马最初的美德的人。一个最好的例证出现于 17 世纪初期一位伟大学者丹尼尔·海因修斯(Daniel Heinsius)的一篇极其学术化但意义深远的演说之中。这篇演说被命名为"关于最初的罗马人和他们的美德的演说——在第一次布匿战争灿烂年代里,习惯的养成"(Oratio de prima Romanorum aetate et prima ejus populi virtute. Habita, cum in L. Annaeo Floro ad primum bellum Punicum pervenisset)①。正如题目所指出的那样,这篇演说是一份学院的练习,但对厘清我们所研究的事例是如何被纳入学院文化之中是有益的。这些罗马人是一个时代的见证,那时,如同处于青少年期,一切仍然远离罪恶,指

---

① Leyde, Elzevier, 1614。

向最为纯洁的美德,充满热情地指向自由。① 在这个仍被保护的年纪,丝毫不需要惩罚或制裁——"没有法律,他们受廉耻心与谦虚指引"②;丝毫不需要誓言以确保真诚,只用单纯就足够了;而为了赢得战争,公正与真诚比"战争的道德"与武器更受人喜欢。诚然,这是反马基雅维利主义,但同时也是承载了太多神圣的残酷的古代仪式的道德化。他们不需要吕克昂学园(Lycée)或柱廊(Portique)里面满脸胡须的老师教授课程以学会睿智,唯一需要的只是行动中的力量与理智。③

因而学院文化传达的是一幅孩童时期的文明的画面,那时的道德仍然纯洁。当时盛行的是虔诚,pietas(这里的虔诚并非仅仅是宗教意义上的),而堕落的文明失去了这份虔诚。古罗马人被一个世纪后的孟德斯鸠巧妙地用于构建伟大与衰落的史书神话;但是对于后者而言,涉及的不再是古罗马人的美德(并未出现于书中),而是一系列阐释伟大与衰落的合理缘由。④

---

① Leyde, Elzevier, 1614,第 8 页,布鲁图斯、坎图斯、卡米卢斯、法布里修斯、库里乌斯等人的例子;第 19 页,贺雷修斯·科克莱斯(Horatius Cocles),斯凯沃拉;第 24 页,杀死自己儿子的曼利乌斯·托加图斯同阿伽门农和伊菲革涅亚相近;第 25 页,辛辛纳图斯。

② 同上,第 16 页。

③ 同上,第 25 页。

④ 孟德斯鸠,《论罗马盛衰的原因》(*Considération sur les causes de la grandeur des Romains et de leur décadence*,第一版, Amsterdam,1734),载《作品全集》,t. II, Oxford, Voltaire Foundations-Naples, Istituto Italiano per gli studi filosofici, 2000。

博须埃的《世界史叙说》的变化已然很明显：作者于其中反复多次地表明了对于一座该是"宇宙的情人"①的城市的倾慕，但是除了布鲁图斯之外，其他罗马英雄几乎未受赞誉，因为历史学家出于合理性的考虑，期望证明罗马的伟大源于它拥有"最好的自卫队与最为深谋远虑、最为稳固且最有条理的政治"，而且"罗马人的本质"在于"对自由与祖国的爱"。博须埃讲述布鲁图斯的故事正是为了阐明这份对于自由的爱："在听到执政官布鲁图斯在看到两个孩子被执行死刑之时那份忧伤的坚定的故事时，我们仍然会颤栗，这两个孩子由于塔尔坎人为了建立在罗马的统治的所作所为而受到牵连。当一个民族目睹这位严厉的执政官为了自由牺牲自己的家庭时，他们对于自由的爱会变得何其坚定！"②在下一个世纪中，一位普及者，即神甫维尔多（Vertot），在他的《罗马共和国统治期间发生的革命》(*Histoire des révolutions arrivées dans le gouvernement de la République romaine*)一书中，只是抄袭了博须埃，同时仅仅赞颂了执政官的这份"忧郁的坚定"（与博须埃所用之词相同）。③

---

① 《世界史叙说》，第一部分，第七个时代（"罗慕路斯和罗马的建立"）与第三部分，第6章（"罗马帝国"）以及第7章（解释罗马变化的后果），引自博须埃，《作品全集》，拉沙（Lachat）版，Paris, Louis Vivès, 1864, t. XXIV，第280页。
② 同上，第616—617页。
③ 第5版，Paris, 1752, t. I, 第52页。

在这个被合理化的故事中,虔信仪式与圣礼献祭的一切神圣性被抹煞了。[1] 这正是当时词典学研究所肯定的,在某种程度上是语言、政治体制与思想的历史博物馆。

约翰内斯·阿尔滕斯泰西(Johannes Altenstaig)的《神学词典》(*Lexicum theologicum*)就是虔信概念的罗马世俗起源被抹煞的最好证明。[2] 阿尔滕斯泰西以紧随我们研究过的圣托马斯的 IIa IIae 的问题 82 为开头,但是,通过一个双重的概括,他强调了虔信源于希望(voveo),而忽略了对李维与世俗英雄们的托马斯主义的参考,同时他迅速给出了一个神学主义的阐释:这是对上帝许下一个诺言,而这个诺言,他立刻将之等同于"心愿"——"宗教敬礼源于 voveo,它指的是我神圣地向上帝许下一个诺言。因而许下的诺言被称为 votum" (Devotio a voveo, quod est aliquid Deo sancte promitto. Unde et hujus promissio votum dicitur)。然后,继圣维克多的休格(Hugues de Saint-Victor)与葛森(Gerson)之后,这位词典编撰者描述了"宗教敬礼",同时根据精神升华,即"灵魂向上帝的

---

[1] 早在 17 世纪初,布莱斯·德维吉尼亚(Blaise de Vigenère)就在翻译李维的译文的空白处,把这些"忠诚"的行为和牺牲比作"愚忠和迷信"(关于李维的第八书,《李维十书》,本书所引版本第 344 页),以及"可恶的和邪恶的迷信"(关于第十书,同上,第 441 页)。

[2] 几个版本,Haguenau, 1517; Anvers, 1576;最后一版,Cologne, 1619。

升天"的三个等级,确立了三个阶段。再也没有任何最初仪式与献祭的痕迹;虔诚的人区别于明言宗教愿心的人,而副词devote 则被用作虔诚的行为的同义词。古代的虔信及其所能指代的一切意义,都被驱逐出了神学与精神的领域。

我们可以从对马克西米利安·范德桑特(Maximilien Sandaeus)的《神秘神学入门》(*Pro theologia mystica clavis*,科隆,1640)一书的研究中得出同样的结论,它同时证明了虔信融入神秘主义神学概念体系之中以及古代参考的消失,似乎自圣托马斯的 IIa IIae 的问题 82 开始的变革于此找到了其终结。这位耶稣会教士从定义着手:"DEVOVEO, DEVOTIO, DEVOTUS。Devovere 指的是完全献身于某个人。因而 devotus 指的是献身于另一个人的人。而虔信则是祝圣仪式。但它被神学家们理解为另一种意思。"由此产生了两个问题:"虔信的人与不同的虔信指的是什么?理性的虔信与感性的虔信指的是什么?"[①] 从经院的角度考虑,答案以圣托马斯为依据,而从神秘主义角度考虑,答案则依赖于吕斯布鲁克(Ruysbroeck);但是无论哪种情况,都强调"迅速"(Promptitude,这是个托马斯主义概念)与"意愿":prompta 和 parata, prompte ac libent-

---

① 马克西米利安·范德桑特,《神秘神学入门》,Cologne, 1640(重印于1963 年, Herverlee-Louvain, Bibliothèque S. J.),第 164 页。

er,prompta ac sincera,与不虔信(inderotio)、"厌恶"(toedium)及"冷酷无情"(ariditas,这里没有提到 acedia)相对立。范德桑特参照吕斯布鲁克对虔信的定义,它独立于圣托马斯的定义同时以对向天空投射欲望火焰的爱情之火的分析为其特色。从而虔信以两种方式从其拉丁"渊源"中被引导出来:吕斯布鲁克,将其章节的第一段命名为"虔信的起源与描述"(devotionis origo et description),为虔信明确地指定了不同于圣托马斯的词源学与历史的渊源的另一个"渊源",同时他将其纳入精神旅程,清理一切反对升天得永福的东西。①

通过阅读这些文本,我们可以得到一个结论,古代虔信及其最终的献祭被近代文化所压制。② 然而,虔信最初的力量在 17 世纪又重新出现于几个可能看似边缘化甚至过时,却有

---

① 吕斯布鲁克,《神圣婚姻的荣耀》(*De ornatu spiritalium nuptiarum*),liv. II,Chap. XIII,载《作品全集》(*Opera omnia*),éd. Surius,Cologne,1552,第 327 页。范德桑特转引,《神秘神学入门》,前揭,第 164 页。

② 对黎世雷(Richelet)、菲雷蒂埃(Furetière)、法兰西学院、特莱武(Trévoux)编纂的字典进行一番研究后也可以加强这一印象。如果"虔信",或这一动作重新于 1690 年出现在菲雷蒂埃笔下的话,那么它是一个几乎考古的、不合时宜的意思,它表示一种过去的仪式,"一种罗马人进行的仪式",而这个历史久远的原始意义最终是被排斥的,如同一种过时的意义被排在字典词条中的最后一个解释。

重要后果的演说之中;尤其指的是对于《圣经》与神秘主义文本的注释。事实并非那么令人惊诧:16世纪末与17世纪初期对《圣经》的重要注释的特点之一,就在于在神圣科学与世俗科学之间,在圣经事实与历史事实之间,建立了一种联系,从而将圣经事例与世俗事例作比较,这是一种比较方法的序幕,其后将在一些表现得更为"科学"的基础之上展开。领袖献祭传统形象,我们可能认为自从马基雅维利时起就变得世俗化了,如今也有这样的方式,使其重新纳入宗教与精神的领域。

这种融入在耶稣会教士科尼利厄斯的拉皮德(Cornelius a Lapide,1566—1637)对于《出埃及记》第32章第32节的经文的注释中表现得很明显,我们不久之前已研究过对这段经义的诠释①:"要么宽恕他们的这个错误,要么,如果你不这么做的话,将我从你已经写好的书中除去。"所有的注释指向从书中抹去痕迹的潜在意义。这位注释者让我们猜测潜藏于明确的意义之后的另一个暗含的或无意识的意义,它表达的是不能说出来的意义,即对于失去的选择,用摧毁(deletio)"唯一的我"来挽回"所有人民"的救赎,这里涉及的是以永福(beatitudo)的形式出现的救赎。在17世纪初期,科尼利厄斯的

---

① 见雅克·勒布朗,《纯爱》,前揭,第49—64页。

拉皮德已然强调"人类学的"纲要("对于我"的享乐,"对于我"的救赎的拒绝),而非"神学主义的"纲要,从而可以说是比费奈隆总括的理论基础超前了。而且这位耶稣会教士以某种方式重建了"心理学的"机械论,借助于这种理论,摩西才能明确提出体现最终无私的这种行为。他猜想,根据《出埃及记》中相当晦涩的经文,摩西不仅会期望死亡,而且可能渴望永恒的失去,从上帝的选民的书中消失,只要上帝宽恕人民。摩西,作为领袖,为了自己的人民牺牲自我,那么他是否可以跻身于为共和国"献身"的古罗马英雄的光辉长廊之中?科尼利厄斯的拉皮德似乎就是这么做的,他将一些"为了祖国献身的异教徒的事例"[1]放在了对《出埃及记》第 32 章第 32 节的注释的结尾处。他明确表示,圣经文本有其时间上的优先性,而世俗英雄们,无法与之相"媲美",只是模仿了摩西的爱德与热忱,但是,通过追溯科德鲁斯,雅典老国王,为了确保胜利而自愿赴死,古罗马人德西乌斯与他的儿子,尤尼乌斯·布鲁图斯(Junius Brtutus)、库尔提乌斯、赫拉提斯·科克莱斯(Horatius Coclès)、斯凯沃拉(Mucius Scaevola)、法比尤斯·马克西姆斯(Fabius Maximus)以及斯巴达人列奥尼达(Leonidas)与阿格

---

[1] 《对摩西五书的评论》(*Commentaria in Pentateuchum Moise*),Anvers,1623,第 612—613 页。

西拉斯(Agesilas),普鲁塔克曾介绍过他们的"献身",科尼利厄斯的拉皮德在圣经人物(摩西,圣保罗)、古代世俗英雄以及13世纪方济各会修士弗拉·雅克博纳·达·托迪(fra Jacopone da Todi)的神秘诗歌之间建立了一个比较。

古代领袖献祭的事例在宗教领域重新找回了其原初的价值,那时他们只是考古学的痕迹或是世俗文化中的历史好奇,见证了17世纪经验的分割及思想与神秘主义文学的边缘化。在法国对于纯爱的争论之前,让我们记住盖恩夫人(Mme Guyon)于1684年写就的《犹滴传》的注释,她为了发展和验证纯洁无私的爱的神秘性对《圣经》的大量诠释做了汇编,并把它们整合到一个框架之中。① 在盖恩夫人看来,犹滴为了拯救城市完全牺牲自我,她所完成的不仅是其生命的牺牲(如同为了拯救他们的美德而牺牲生命的无数殉道者),同时也是其美德的牺牲,似乎唯有通过错误的道德的自相矛盾的道路才可获得救赎,而这种幸福的错误(类似于 felix culpa),容许对自己的爱的彻底毁灭,一切精神情感的毁灭:救赎源于失

---

① 盖恩夫人,《圣经与观看内在生活的解释和反思》(*La Sainte Bible avec des explications et réflexions qui regardent la vie intérieure*),Paris,1790,t. VI,第162—163页,关于《犹滴传》13:16。

去。盖恩夫人将犹滴的事例应用于神秘主义的经验之中,后者脱离了一切自我的、精神的或是道德的利益,同时在彻底的堕落、蔑视与卑劣之中看到了放弃自我的完美征兆,圣灵的殉难,不仅失去肉体,同时失去灵魂甚至永生。同时她通过坎图斯·库尔提斯(Quintus Curtius)的故事来阐明这种失去:"古罗马骑士"跳入的这个深渊是"对自己的爱,其恶臭腐蚀了圣宠的一切空气。我们必须丢掉且舍弃灵魂所拥有的一切宝贵,否则对自己的爱无法被摧毁"。在其对于《士师记》的注释中,盖恩夫人寻思一个如参孙这样的自杀的英雄何以被"封圣",于是她援引了奥古斯丁在《上帝之城》中的权威论据,并且认为这里涉及的是上帝的指令,而顺从上帝不可能成为一种"罪"。[1]

在 17 世纪末关于纯爱的争论中,为了祖国牺牲自我的古代英雄的事例被费奈隆拿来赞颂爱的彻底无私。这些事例的"传奇性"——这些世俗人,不相信未来的生活,不期待通过其行为获得任何超自然的补偿——只会增强论据:对于他们的情况,我们无法找到任何可疑的利益因素,只有一种彻底的无私,而这唯有对于相信天国补偿的基督徒才可能想象。不管

---

[1] 盖恩夫人,《圣经与观看内在生活的解释和反思》(*La Sainte Bible avec des explications et réflexions qui regardent la vie intérieure*), Paris, 1790, t. III, 第 195 页,关于《士师记》16:29—30。

怎么说,当这些虔信的事例在文化中失去了其异域的古老地位或不再因不可思议的行为而成为狂热的对象之时,他们在围绕神秘主义的争论之中找回了力量。① 但是这种复兴可能是赋予其新生的这些演说的边缘化的信号,同时也是这些宗教的、精神的、神秘主义的话语必须从世俗传统中寻求一些更具说服力的事例的信号。但是,我们可以肯定的是,费奈隆在思考王子责任的同时,眼前出现的是这些古代的事例,而且他想象中的君王就应该是科德鲁斯、德西乌斯与雷古鲁斯那样,担当彻底牺牲的光辉榜样。在王子权力的前景中,由此出现了自愿之死。他很快就获得了向他曾经的弟子、西班牙国王菲利普五世,提议逊位的契机,一个君王向其人民、家庭与先辈所做出的至高的献祭。

---

① 对于这种使古代虔信复兴的神秘主义传统,见雅克·勒布朗,《纯爱》,前揭,以及《快乐和痛苦》(*La Jouissance et le trouble*)中关于虔信的一章,Genève, Droz, 2004,第 91—108 页。

3

逊位与自我牺牲

如果我们追溯拉丁文,就会发现"逊位"指代的正是一种否定。以最为明确的方式,拉丁语 abdicare 的最初意思就是"否认"、"说不",并在两种法学意义上明确了这种"否认":首先是从家庭中驱逐出去,剥夺其继承权;然后是放弃、舍弃一个职位或职务。因而李维笔下那些年轻的元老院议员们责令执政官们放弃其执政官权力,卸下统治权(imperium),他们没有勇气让人尊敬这份至高无上的权力。同样李维还记录了一位独裁者让一位骑兵部队的军士长解职,此后,他自己(马尔库斯·埃米利乌斯[Mamercus Aemilius])亦于十五日之后,平静地交出了战争期间与危急情势之下所获得的统治权(imperium)。[①]

---

① 李维,《罗马史》,卷2,第28章,9,以及卷4,第34章,5。

在这两种情况中,abdicare 等同于 deponere imperium 或是 reddere imperium,即卸下或交出至高无上的权力。在家庭关系领域,罗马的 abdicatio 指代的是剥夺家庭中的某个儿子的继承权,将其驱逐或抛弃。①

Abdico 与 abdicatio 这两个古拉丁文的词汇与概念,我们应当将之与渊源与历史不同却几个世纪以来一直被拿来比较的其他一些词汇与概念作比较:即 abnego 与 abnegatio。如果,正如我们将看到的那样,这些概念已然在教会文学中拥有了其明确的意义,那么我们不应当忘记其在古拉丁语中的应用。Abnegare,指的是"绝对地拒绝接受",因而当维吉尔(Virgile)想要激怒图努斯(Turnus)时,口中说的是国王拒绝了他的女儿与嫁妆②;abnegare,同样可以指代"拒绝",因而维吉尔在谈及母羊的疾病时,揭发了拒绝向医生求助的牧人③。最后,abnegare 可以表示"否认";例如尤维纳利斯(Juvénal):"我否认存了钱。"④Abnegatio,在这些情况中,指代的是否认,或者,随后又表示语法意义上的否认。

总而言之,abnegare 即"否认",而该词在通俗拉丁语的福

---

① 昆提利安,《演说术原理》,VII,IV,10。
② 维吉尔,《埃涅阿斯纪》,VII,424。
③ 维吉尔,《农事诗》(*Géorgiques*),III,456。
④ 尤维纳利斯,《讽刺诗集》(*Satires*)。

音书中被用于指代圣彼得的否认也是不足为奇的:"你已经三次否认认识我了,今天公鸡都不会再打鸣了。"①拉丁语 abneges 指代的就是希腊语 aparnèsè。在《提摩太前书》(*Épître à Timothée*)的第三章第五节中,abnegare 同样被用于表示"否认":"表面上拥有怜悯之心,却否认其权力来源。"②因而所有这些词语都与否定、说不与否认的事实相关联,而动词 arnoumai(拒绝)的翻译明确地指出了这点③。

根据简明拉丁语,几个世纪以来指引自我牺牲概念的意义的便是其在福音书中的出现。我们可以读到《马太福音》:"如果某个人想要跟随我,那么他必须否认自己,拿起他的十字架并且追随我(Si quis vult post me venire, abneget semetipum, et tollat crucem suam, et sequatur me)。"④这些句子将被人不知疲倦地评述、释义,而由此将勾画出基督教精神的主要特征。

自我牺牲首先在殉教徒身上找到了其极端方式,随后,东

---

① 《路加福音》22:34。
② 也参见《提多书》2:12。
③ 这个词意思是拒绝、否认、说不,荷马已经使用了这个动词;见皮埃尔·尚特雷纳(Pierre Chantraine),《希腊语词源字典》(*Dicitionnaire étymologique de la langue grecque*),arveomai。
④ 《马太福音》16:24;《路加福音》9:23;在《马可福音》中有一个变化,8:24:"deneget semetipsum"。希腊语为,aparnêsasthô(《马太福音》和《马可福音》),arnêsasthô(《路加福音》)。

方与西方君主主义的发展为自我牺牲赋予了一个体制的形式,包括生活方式、祈祷,以及慈善的实施,而福音书则将自我牺牲视为追随耶稣基督的最高生活标准。① 自我牺牲的概念,放弃,蔑视世界,自我剥夺,标志了几个世纪以来的基督教精神,而其强调的重点可能有所变化:一方面是宗教生活,另一方面是神秘主义生活与沉思,源于僧侣与教士的精神性在世俗人之中广为传播。

在这里,我们应当强调一部作品,它在整个基督教世界中取得了极其重大的成功,不停地被改编、翻译、思考,在各个社会领域中传播,这就是《师主篇》。这部15世纪的文本,是托马斯·肯皮斯(Thomas a Kempis)的一部未署名作品,它可能是自我牺牲精神的最佳例证,或者,在我们反复阅读之后,会将其视为逊位的最佳例证。《师主篇》这本书的核心,是蔑视世界(contemptus mundi)这样一个概念,而它有时会给此书冠以同样的名号。

第一本书的第1章,名为"效仿基督与蔑视世界的全部虚伪"(De Imitaitione Christi et contempt omnium vanitatum

---

① 关于"自我牺牲"(abnégation)的历史和理论,见《精神字典》(*Dicitionnaire de spiritualité*)中的这个词条。

mundi),以《传道书》对于"虚伪的虚伪,全部的虚伪"(Vanitas vanitatum et omnia vanitas)的沉思为开端,①同时提出最高的睿智在于通过蔑视世界而走向天国②。这个关于世界的虚荣性的主题,以及蔑视的必要性,贯穿整个作品:寻求财富、荣誉以及地位提升的虚荣。③ 天国的仁慈针对的是那些"彻底蔑视世界并且比其他人看得更加清晰的人,这个世界是飘忽不定的"。④ 一切人类的功绩,所有暂时的荣耀,一切世俗的地位,与永恒的荣耀相比,就成了虚荣与疯狂,⑤而第三本书的第41章整篇探讨的都是"对于一切暂时的荣耀的蔑视"。这份对于世界以及世俗之物的蔑视有好几个层面。首先,对于时间飞逝与世界"短暂性"的认知:"哦!世俗荣耀被遗忘得真快!"托马斯·肯皮斯写的这句话成为老生常谈。⑥ 世界飞逝,人于其中所看到与发现的只是"飞逝的形象与声音",真相永远"不会浮现于表面"。⑦ 还有另一个层面证明了蔑视世界

---

① 《旧约:传道书》1:2。

② 托马斯·肯皮斯,《师主篇》,I,I,3:"通过蔑视世界而走向天国,就是这样的至高智慧。"

③ 同上,I,I,4:"正是这种虚荣它寻求荣耀和提高地位。"

④ 同上,III,XX,5。

⑤ 同上,III,XL,6。

⑥ 同上,I,III,6,"O quam cito transit gloria mundi !"这句话是17世纪的法文译者错误地参考了《传道书》的第十二段。

⑦ 同上,I,III,1。也参见 II,I,4,;III,XXVII,4(所有事物都是过往之物[transeuntia],人也是过客[transiturus])。

的正确性:世界"什么都不是",只是"垃圾",而伟大,正如睿智,在于把一切荣誉视作微不足道之事,把所有世俗之物视为粪土。① 除了上帝之外的一切都是微不足道的,并且只能被视为毫无意义。② 圣·沙漠神父(Peres du Desert)自视为"虚无"③,同样,《师主篇》中的信徒向上帝祈祷:"你向我展现了我是怎样的一个自我,曾经是怎样的以及我由何而来——我什么都不是并且我一无所知。如果你对我置之不理,那么我就毫无意义并且只有懦弱。"④而建立了对于世界的蔑视的这个面就是什么都不是(nihil),根据的是可以追溯到圣经、《传道书》与《约伯记》的道德传统。《师主篇》将这份祝词献给上帝:"我的主,我什么都不是,我什么都不行,我身上一无是处,但是我错失一切并且总是走向毫无意义。"⑤这一切之中没有任何本质上新颖之处,但是《师主篇》中值得关注的是,这份坚信奠定了一切宗教态度的基础:作为精神性的关键呈现,对于

---

① 托马斯·肯皮斯,《师主篇》,I,III,6:"自身的渺小才是伟大,自己觉得一无是处才是至高的荣耀。将世间万物看成是垃圾的人是真正的谨慎之人"(参见《腓力》3:8,"arbitror ut stercora")

② 同上,III,XXXI,2。

③ 同上,I,XVIII,4。

④ 同上,III,VIII,1,在标题为"在天主前当自卑"(De vili aestimatione sui ipsius, in oculis Dei)的章节,伴随着《圣歌》62:22"我尚不知自己乃是虚无"(Ad nihilum redactus sum et nescivi)的影射。

⑤ 同上,III,XL,1。

世界的蔑视在自身周围制定了一个精神生活的规划,即隐修圣人与僧侣的生活规划,而文本明确地针对这个规划[1];但是托马斯·肯皮斯提出的这种僧侣的生活规划超越了僧侣的范畴,而指向所有的基督徒,指向教士以及平民。

通过阅读《师主篇》,我们不仅发现福音书中的 abnegatio 一词仍然存在,还找到了其拉丁语中的同义词 abdicatio,用于指代蔑视世界与拒绝的精神性。这两个概念多次在同一个表述中被联系起来。我们只给出几个例子。根据托马斯·肯皮斯,沙漠神父的生活是"严格拒绝"(stricta et abdicata)[2]世界的。虔诚的人指的是"放弃了一切"从而变得"对其创造者殷勤且忠诚"之人,同时《师主篇》的作者眼中的放弃一切之人指的是拒绝世俗世界而选择僧侣生活的人。[3]

《师主篇》卷3第32章名为"论自我的拒绝与对贪婪的放弃"(De abnegatione sui et abdication omnis cupiditatis)。该名囊括了这个态度的两个主要意义:拒绝与放弃——一方面是否认自我,而另一方面是拒绝一切的贪婪与欲望。

---

[1] 托马斯·肯皮斯,《师主篇》,I, XVIII,"隐修圣人"(Sancti Patres in eremo)。
[2] 同上,I, XVIII, 2:"哦,隐修圣人过的是怎样的严格而克己的生活啊!"
[3] 同上,III, I, 2 和 III, X, 2。

因而这两者都是拒绝与否认的方式。如果我们参照一下abnegatio在《师主篇》一书中的用法,那么这些意义就很明确了。第32章的开头是:"我的儿子,如果你不彻底地放弃自己,你是无法拥有完美的自由的。"①而这只是重复了马太福音第十六段第24句的内容:"如果有人想跟随我,那么他必须放弃自我。"②我们被引向一种否认自我的态度(semetipsum),超出了否认的道德或社会的后果范畴。此外,《师主篇》卷3第56章展现的也是对圣经格言的发展:"我们应当否认自我并且通过十字架模仿基督",而该书卷3第56章第一段进一步明确表述为"在我的意愿中对于你的完美否认",而卷4第15章则提出宗教敬礼的圣宠因否认自我而获得。

因而,在《师主篇》对于否认、放弃、隐退与拒绝的强调中,我们可以辨认出其精神性。但是这里涉及的是一种僧侣的精神性,而《师主篇》的文本几乎没有将之应用于生活于世俗世界的人的具体情境之中的尝试。诚然,托马斯·肯皮斯将subjectio(即服从)与praelatura(即主教)以及"主动"的情境相对立,同时在这充满磨难与困难的世上的众多情境之中,他还提及了国王与教皇的情况。③ 这绝非一个针对各种

---

① 托马斯·肯皮斯,《师主篇》,III,XXXII,1。
② 以及路加福音9:23。
③ 托马斯·肯皮斯,《师主篇》,前揭,I,IX,1和I,XXII,1。

世俗情况的精神规划。然而,组成《师主篇》建议与训令的普遍性与根本性导致——或者诱使——人拒绝世俗世界,"放弃",不仅是道德意义上的"否认"自我,而且也包含了社会意义,甚至法律上的意义。因而一个偏好"平静"、休息而非磨难的君主的行为,可以被解释为现代虔信(devotio moderna)与《师主篇》所发展的蔑视世界的精神性在现实社会的应用。

☆

通过参考《师主篇》之后对这些苦行主义与神秘主义文学概念的一个总结性文本,我们可以明确 abdicatio 与 abnegatio 的意义,并且从中抽离出其可能的"社会"意义。这是耶稣会教士马克西米利安·范德桑特的《神秘神学入门》谈及虔信的含义时,我们已然遇到过的。让我们首先考虑下"Abdico"与"Abdicatio"。该动词参照 repudio 与 rejicio,其法学意义表示被儿子的不顺从所触犯或激怒的父亲抛弃儿子;名词则参照 repudiatio、abjectio 与 expulsio。这里神秘主义意义与苦行主义意义之间没有被区别对待,而放弃被定义为放弃、罢黜或拒绝暂时性财产,如财富、父母、祖国、荣誉或所有这种类型的外

---

① 不是道德式的休养,而是末世论意义上的"清净"(quies),这种清净是《师主篇》中该词的意思:见 I,VI;XX,4;I,XX,6;II,I,3;II,I,4;III,XXI,1;对永恒快乐(gaudium)的期望。

在东西。

Abnego 与 abnegatio 引出一些更为深入的文章：首先我们通过引用维吉尔指明了拉丁语 abnego 的意义——"拒绝"，然后用将近 7 个旁注阐明 abnegatio，从《马太福音》的第十六章第 24 节开始："如果有人想跟随我，那么他必须放弃自我。"关于这句话的评语是：abnegare 拥有比 abdicare 更为广阔的意义。通过比较 abdicet（泰奥多尔·贝扎 [Theodore de Bèze] 的翻译）与圣经武加大译本的 abneget，范德桑特注意到"abdicare 的意义范畴没有 abnegare 的广阔"。于是我们读到大量引用评述马太福音的句子，其中 abnegatio 展现了其苦行主义意义，似乎在为神秘主义神学做准备。这时范德桑特写的是"到达神秘主义神学的一种方法"①，而其意义接近于 resignatio。范德桑特引用了吕斯布鲁克的好几段文本。其中一个提出"对其自身意愿及自身意义的否认源于顺从"②，然后吕斯布鲁克的另一个文本又被范德桑特借用："如果某人拒绝了至高无上的统治与对于一切的权力并且放弃了对于一切的拥有，但却没有保留自我，那么他等于，或是几乎什么都没有拒

---

① 范德桑特，《神秘神学入门》，前揭，第 26 页 g。
② 吕斯布鲁克，《作品全集：论对某人勇气的期望》（*De praecipuis quibusdam virituibus*, *Opera omnia*），Cologne，1552，[重印 Farneborough，Gregg]，第 4 章，第 230 页。

绝。但是一个彻底否认自我并且放弃自我的人,即使他保留了很多东西,例如财富、荣誉或是任何他不得不保留的,他仍然放弃了一切。"①

这个文本中值得我们关注的是,自己(se)、自我(soi)与对于世界的统治(augustum imperium, dominium)之间的区别:它为"内在的"否认打开了一条道路,以便能像贝律尔(Bérulle)那样独立于对于事物的拥有或统治。那么 imperium,对于事物的占有与对自我的否认便可以并存,"为了自己"保留与否认"自我"也可以并存。这是"近代的"神秘主义的立场,使得行为的合法性取决于与我的关系之上,将行为的道德性置于"意图"之中。通过在个人身上建立一种与世俗活动保持距离的内在立场或意愿,imperium 与 dominium 的行为不再与自身意愿的否认相对立,这允许了近代国家的出现。在米歇尔·德·塞都谈及 17 世纪上半叶一位伟大的国家仆人的情况的一篇先驱性文本中,这点被完美陈述。② 文中,他展示了勒内·阿尔让松如何可以在服务于国家政治的同时,

---

① 吕斯布鲁克,《作品全集:论对某人勇气的期望》(*De praecipuis quibusdam virituibus*, *Opera omnia*),Cologne,1552,[重印 Farneborough,Gregg],第 4 章,第 231 页;由范德桑特引用,第 26 页 d。

② 米歇尔·德·塞都,《政治和神秘主义:勒内·阿尔让松》,载《另外之地》,前揭,第 265—299 页。

以"意志"的方式保持一种彻底否认自我的"神秘主义"立场；通过这种方式，这位国家的仆人找回了"神秘主义"最初的意义，即"隐藏的"，但是他同样揭示了神秘主义在近代世界的命运：被迫内在化，钻到社会的边缘，无法再体现于"社会"行为之中。这就是吕斯布鲁克所倡导而范德桑特又重新提起的"自我放弃"(abnegatio sui)的遥远命运。

重新看看被范德桑特引用的吕斯布鲁克：前者写道，正是否认赋予祷告以质量与"益处"。他总在《论对某人勇气的期望》中强调这些话："我敢说，即使一个简单的带着自我否认的为了上帝永恒荣耀的祝福也是远远胜于且益于带着自身意愿与自我拥有而唱出的无数圣歌。"[1]最后，关于可以被视为"内在的"那种否认与社会行为之间的一种脱钩，我们注意到范德桑特引用了吕斯布鲁克的另一段，其中，自身意愿的拒绝或否认，被视作所有人为了获得救赎与永福的必须之事。[2]

现在让我们引用贝律尔。我们只需重读一下他于1598年写就的《内在拒绝的简短演说》(*Bref Discours de l'abnégation interieure*)，就可以确信，从对于被创造之物"残废"与"虚无"

---

[1] 吕斯布鲁克，《作品全集：论对某人勇气的期望》，前揭，第11章，第244页；由范德桑特引用，第26—27页。

[2] 吕斯布鲁克，《神圣婚姻的荣耀》，liv. II, Chap. XXX，载《作品全集》，前揭，第336页；由范德桑特引用，第27页。

的确信转向对于上帝的崇高敬意与"自我向上帝的臣服"的运动,不仅摆脱了一种特殊的社会印记,而且同时具有社会性后果。仇恨"一切荣誉与地位,将之视为一件毫不适宜、毫无意义之事",导致了一种"灵魂"的态度,正如"选择最为低级之事",而"内在的东西"比"外在的东西"更算得上执行否认与受辱的方式或机会,这强化了这种态度。[1] 因而,正如贝律尔在《简短演说》的第 2 章中写的那样,拒绝"外在与实体的东西"是第一种否认的方式。[2] 这里涉及的只是第一层,而其他层面,作为演说的主要目标,针对的是对于思想有用甚或是对于思想生活必需之物;而我们也将从苦行主义的角度转向神秘主义的角度。

自我的死亡与生活在世俗世界的兼容性问题,即在脱世的同时又在世,是近代特有的问题,而未来的主教罗伯特·贝拉尔米内(Robert Bellarmin)在《完美死亡的艺术》(*Art de bien mourir*)中也指出,结果的问题,也就是文艺复兴时期"死的艺术"。事实上,贝拉尔米内以预感的方式写道,行为的合法性是一种不稳定的平衡,因为这种平衡是建立在一种"意愿"和一种隐藏的"神秘主义"态度之上的平衡:"生活在这个世界中

---

[1] 贝律尔,《作品集》,Paris,1644,[重印,Montsoult,Maison d'institution de l'Oratoire,1960],第 648、649 页。

[2] 同上,第 651 页。

并且同时蔑视世上的财富是件很困难的事;看到美丽之物却不爱它们,品尝到美味却不能从中体会到乐趣,蔑视荣耀,期待艰苦工作,自愿身处末位,将最高级的官阶让给别人,最终成为行尸走肉,这似乎应当被视为一种福音书的生活而非人类的生活。"① 然而,贝拉尔米内并不鼓吹退出世俗世界的态度。尽管困难重重,他仍思考可能的妥协,并且宣扬勒内·阿尔让松的态度:"我的主,"贝拉尔米内写道,"不想也不命令我们彻底忽视或是放弃财富、荣誉以及世俗世界的其他财富;因为亚伯拉罕是上帝的好朋友,而他本人就拥有广阔的财富。"② 这位耶稣会教士出色地阐释了保罗式的"似乎",享受财富、事物、荣誉、世界,似乎这一切并不属于自己。同时,当面对善的意识、良心、道德标准时,他立于意志的绝对"近代"视野之中。

逊位概念的历史显得与否认紧密关联。因而,其法律与

---

① 《完美死亡的艺术》,第二部分,第 2 章,由阿尔贝托·特南蒂(Alberto Tenenti)引用,《死亡的意义与生命的爱:意大利和法国的文艺复兴》(*Sens de la mort et amour de la vie. Renaissance en Italie et en France*),法译,Paris, Serge Fleury-L'Harmattan,1983,第 295 页。

② 同上,第 295—296 页。

体制上的指涉在基督教中与精神性一面联系在一起。逊位并非单纯地脱离一个职位或一项职务，同时也是在对自身施加一种绝对的否认的力量，这是以某种方式进行的抹煞自我的行为。鉴于福音书的来源与耶稣基督话语的权威性，否认在基督徒生活中占据了基础性的位置，而对于古罗马平民而言，逊位是一件特殊的法律行为，且需在明确的条件下完成。因其与耶稣基督本人所提倡的否认之间的相似性，逊位必然成为在道德或社会领域的一种标志性行为，上面铭刻着基督徒生活的否认态度。在一个以否认为主的背景之下，逊位被列入完成或实现之列，而我们可以猜想在以否认的精神性为标志的基督徒世界之中，逊位永远不会缺少宗教意义，或至少，无论对与错，它都会被阐释为一种不可避免的宗教行为。

4
戴克里先的逊位

戴克里先是第一位严格意义上的逊位君主,而且,从这个角度来说,他的情况是具有代表性的,几个世纪以来常被提起。出生于公元 245 年的萨罗纳(Salone en Dalmatie),戴克里先于 284 年称帝。很快,他加入了马克西米安(Maximien)的帝国,与其一同于 292 年设立了两位凯撒。第一位凯撒,康斯坦茨(Constance),娶了马克西米安的女儿狄奥多拉(Theodora);而第二位,加莱尔·马克西米安(Galère Maximien),娶的是戴克里先的女儿瓦莱利亚(Valeria)。从而我们进入了一个可以被认为是四帝共治的体系,每位皇帝都有其首都,但是戴克里先,其首都为尼科米底亚(Nicomedie),以某种方式仍然是这个具有浓郁"东方"特色的君主专制政体的最高首领。戴克里先起初对基督徒们很照顾,但其后又对其疯狂迫害。公元303年,他最后一次来到罗马,此时它已不再是首都;他无法承受罗马人的谴责,于是回到了尼科米底亚。由于身患忧郁症,他放弃了帝国并于公元313年回到萨罗纳,过上了普通人那样的平静生活。这就是所有教科书中我们所能见到的传记,例如17世纪的莫雷里(Moréri)的字典。

这里包含了一个有教育意义的故事的全部特质,厌倦了权力的君主退隐到他的乡村行省,享受着远离权力的烦恼的明智退隐的乐趣。蒙田给了罗马君主一个相当正面的形象:戴克里先,他头戴王冠,"如此受尊重且如此富有",宁愿选择"退隐享受个人生活",并且拒绝重掌国家大权。[1] 其他一些作家,如夏尔·索雷尔(Charles Sorel)或让-弗朗索瓦·萨拉兹(Jean-Francois Sarasin)也歌颂其明智的退隐与孤独,而皮埃尔·查伦(Pierre Charron)与巴尔扎克(Guez de Balzac)观点相同,后者注意将戴克里先与一些魔鬼,如尼禄、康茂德(Commode)或图密善(Domitien)进行了区分;无论如何,这是由《谈话录》(*Entretiens*)的作者翻译的源于罗马的一个文本所传达出的见解。[2] 我们稍后会看到查理五世(Charles

---

[1] 蒙田,《随笔集》,维莱-索尔涅(Villey-Saulnier)版,Paris, PUF, 1965,第267页。

[2] 巴尔扎克,《谈话录》(1657),贝尔纳·伯尼奥编纂,Paris, Didier, 1972,卷1,第57页。

Quint)的传记,神父斯特拉达(le père Strada)同样赞赏了戴克里先,这位懂得离开帝国的"不一样的君主"。拉封丹,在1659年歌唱霍尔戴兹(Hortésie)的诗剧中,让这位花园中的女神说道:

> 我的礼物占据了
> 一位擅长一切的君王的双手,
> 而人类最睿智的这位
> 来到我身边寻求庇护。①

---

① 拉封丹,《作品杂集》(*Oeuvres divers*), Paris, Gallimard, Bibl. de la Pléiade, 1958,第89页。

拉克坦提乌斯的小说的发现

如此一致的赞赏在 1679 年突然崩塌,而对于皇帝的看法也发生了根本性转变。在穆瓦萨克(Moissac)的一堆未被盘点的中世纪手稿中,人们发现了一部神职人员的作品,那就是拉丁教会神甫拉克坦提乌斯(Lactance,约 250—325 年)的作品《论迫害者之死》(De morte persecutorum),其存在是有实证的,但是迄今为止尚未发现任何那个时期的手稿。① 柯尔培尔(Colbert)图书馆的图书管理员、伟大的学者艾蒂安·巴鲁兹(Étienne Baluze)报道和研究了这份手稿,并于 1679 年在其《杂记》(Miscellanea)的卷 2 中发表了它。从 1680 年到

---

① 让-路易·康坦(Jean-Louis Quantin),《古典天主教与圣父》(Le Catholocisme classique et les Pères de l'Église),Paris, Institut d'études augustiniennes,1999,第 191 页。

1698年,该书经历了六次改版,在1680年被莫克鲁(Maucroix)翻译成法文,并在1686年被吉尔伯特·伯内特(Gilbert Burnet)翻译成英文。

中世纪之前已然消失的拉克坦提乌斯的书的重新面世,激起了前所未有的兴趣,能与之相媲美的只有一个半世纪以后安杰洛·麦(Angelo Mai)在1820年对于西塞罗的《论共和国》的隐迹纸本的发现。于是在过去的一片沉寂之中出现了一部不为人熟知的作品,一个对于古代迫害史与戴克里先的作用以及上帝概念的重新评估,因而也是与奥古斯丁的《上帝之城》不同却同样重要的对于历史的重新评估。在拉克坦提乌斯的故事之中,对于迫害者的惩罚正是现实层面的,惩罚紧随罪恶而来,从此以后被迫害的人知道在这个世上死亡与惩罚等待他的屠夫。拉克坦提乌斯的书的发现在某种程度上与安东尼奥·博西奥(Antonio Bosio)在1632年于他的伟大著作《地下罗马》(*Roma sotterranea*)一书中揭露的地下墓地拥有同等的文学价值。

这个发现的后果是对于戴克里先本人,对他在迫害中的作用及其迫害行为的残酷性的评价进行了彻底修正。我们无法再像20年前拉封丹那样认定皇帝是"最精明"且是"人类中最为睿智的"。突然间,皇帝明智的隐退这个令人愉快的老生常谈的话题变得岌岌可危,而且愈发危险,因为拉克坦提乌斯尤其强调了戴克里先的退隐与死亡,并且将之描述为"罪恶的创造者与灾难的主使者",同时抨击其吝啬(avaritia)与腼腆(timiditas)。① 在拉克坦提乌斯看来,戴克里先离开罗马时已经"日益消沉并患上精神疾病",在半路上因为寒冷与大雨而病倒,因忧郁而消沉(languor)。② 于是皇帝加莱尔着手敦促他逊位,起初非常温柔(molliter)友好(amice)地对其说道,他已经老了,没以前强健,不再适合管理国家,他应当停止工作并休息。同时加莱尔提到了涅尔瓦(Nerva)的例子,后者将帝国禅让给了图拉真(Trajan),这是对戴克里先的暗示。戴克里先回答道,在他完成了如此众多且伟大的功绩之后,回退到低调的普通人的生活对于他是不适宜的,而且这么做也存在风险,因为多年的统治为其招来了很多的怨恨。于是加莱尔改变了策略,面对泪流满面的戴克里先这个"虚弱的老人",他威胁道:"如果您愿意,那就这样吧(Fiat si hoc placet)。"逊位的场景,即皇帝的命令(fiat)与服从他人的意愿(placet)为君主权力的结束打上了印记。但是,正如莎士比亚笔下的理查二世的逊位一样,戴克里先还需要完成一系列步骤,逐步剥离权力,以实现最终的"无意义"。

---

① 拉克坦提乌斯,《论迫害者之死》,VII,12。
② 同上,XVII,2,3。

首先必须一致同意选举新的皇帝。戴克里先寻思这个同意的必要性。最终在"骄傲且反叛的"马克桑斯(Maxence)与"最为正直的年轻人"康斯坦茨之间进行选择。① 戴克里先的反驳悲惨无力,再次将决定权放到加莱尔的手中并且问道:"怎么办?"于是加莱尔强加了他的意志。马克桑斯"不配",加莱尔回答道。事实上,马克桑斯,在仍是平民的时候,曾蔑视过加莱尔;当他获得了君主权力又会怎样呢? 戴克里先向君士坦丁大帝提议道:"他为人亲和,会为了获得比他父亲(指的是坦提乌斯一世[Constance Chlore])更优秀且更宽厚的评价而统治。"加莱尔的回答是:"如果这样的话,我就不如做我想要做的。必须选择受我控制,畏惧我,并且只因我的命令而行事的人。"由此,戴克里先有了一个新问题:"谁让我们当皇帝的呢?"而加莱尔用一个词回答了他:"严厉。"戴克里先继续他徒劳的抗议:"是这个将黑夜变成白天,而将白天变成黑夜的叛逆,酗酒的舞者吗?"加莱尔再次用一个词回答:"尊严(dignus)。"并且补充道:"因为他忠诚地统领着士兵,而我将他派到马克西米安身边就是为了让他获得统帅权。"戴克里先对此的回答是:"好的。那么你的副统领是谁?""这位,"加莱尔指着达亚(Daïa)说道,那是一位年轻的半野蛮人,被其命令使用

---

① 拉克坦提乌斯,《论迫害者之死》,XVIII,1—3,8以下。

其马克西米努斯(Maximinus)的名字。戴克里先惊愕万分："你向我介绍的这位是谁？""我的亲戚，"他说道。于是戴克里先嗫嚅道："你向我推荐的人并非我们可以托付守卫国家重任的人。"对此，加莱尔回答道："我已经考验过他们了。"戴克里先信赖加莱尔并且宣告："我已经工作够了，当我掌权的时候，我的目标就是国家安全无恙。如果以后发生什么灾难，那将不是我的过错。"①

严格意义上的逊位场景于是就发生了。拉克坦提乌斯以戏剧的方式展现它，似乎君王的逊位总是与戏剧演出有关，一场面对大众的公开演出。戴克里先逊位的背景是在"城邦之外的一个高地"，其高度与当年戴克里先登上帝位时一样，这个高度不仅意味着对其高过众人的称颂，同时也是与超自然世界联系之地。在拉克坦提乌斯的笔下，戴克里先这个"老人"，以哭泣开场并且向他的士兵们致辞：他对他们说他生病了，饱受病痛折磨的他需要休息，他将把权力让与更强健的并且任命新的凯撒。他脱下绛红色长袍并将之授予达亚，于是戴克里先失去了他的名字而重新变成迪奥克莱斯(Dioclès)。他被"请下台来"，这位老国王被一辆四轮运货车运出城市，送回自己的祖国。至于达亚，刚从丛林深处兽群的背后走出来

---

① 拉克坦提乌斯，《论迫害者之死》，XVIII，11—15。

的打手、保镖,很快成为行政长官,未来的凯撒,他接受了东方的权力以便将之镇压并且踩在脚下,他既不懂得军队的艺术也不懂得管理国家,瞬间就由牧羊人变成士兵的统帅。①

这就是戴克里先逊位的仪式。在第 42 章关于拉克坦提乌斯的后文中,我们可以看到关于老皇帝的退隐及其死亡的细节,而这正是《论迫害者之死》(De morte persecutorum)的目的。因为戴克里先的结局不是——也不可能是——幸福的。在其退隐期间,老皇帝明白了他正是"回忆的谴责"(damnatio memorioe)的牺牲品,这个仪式在于抹去碑文中,以及行动与文本中,与马克西米安共同的画像中的名字。② 而在查理五世(Charles Quint)的情况中,我们也会发现类似的东西。这个仪式在罗马是有史可证的:事实上,根据塔西佗的记录,维特里乌斯(Vitellius)在被暗杀之前,承受了这种回忆的谴责。③ 这种抹杀仪式先于并且可以说是预示了死亡。这正是拉克坦提乌斯冒着违背历史准确性(针对前例的空缺)所说的:"这就是戴克里先,被双重的疾病,身体的与精神的,疾病与痛苦,所折磨着,决定自己必须死去的原因,正如他清晰地看到了什么没有降临到之前的皇帝身上。他从一个地方奔赴

---

① 拉克坦提乌斯,《论迫害者之死》,XIX,3,5,6。
② 同上,XLII,1。
③ 塔西佗,《编年史》,III,13 和 85。

另一个地方,情绪激昂,因痛苦而无法睡眠,亦不能进食。他止不住地叹息与呻吟,泪水不断,身体不停地激动,时而在床上,时而在地上。"①在这幅画面中,每个细节都似乎老生常谈:对于痛苦的描述②,自杀的主题,即所有"对抗上帝"之人的"经典结局"。根据传统,戴克里先应当上吊;拉克坦提乌斯记载他死于饥饿。后来,教会作家们将其归结为迫害者们标准的死亡,而他也将被诗篇淹没。

随着拉克坦提乌斯文本的发现,皇帝退隐的主题因而被彻底转换与改变,同时很难再将其视为近代逊位者的典范。原因在于,人们很快将被迫承认拉克坦提乌斯关于戴克里先的故事,关于其退隐及死亡的描述。博须埃在 1681 年的《世界史叙说》中对拉克坦提乌斯的说法做了总结:"长期的疾病降低了戴克里先的智力,而伽列里乌斯(Galerius)尽管是他的女婿,却迫使他离开帝位。"同时,博须埃补充道,马克桑斯"颠覆了马克西米安的地位,而与之相关的戴克里先的地位也是同样的命运。戴克里先的休息被这种蔑视所干扰,而他很快

---

① 拉克坦提乌斯,《论迫害者之死》,前揭,XLII,2。
② 将阿喀琉斯的死模仿成帕特罗克洛斯(Patrocle);参见《伊利亚特》,XXIV,9 以下。

死去,不仅因为年老,也因为忧郁"。① 然而博须埃对于政治家戴克里先仍然保留着一些尊重,在《圣经言语中的政治》(*Politique tirée des propres paroles de l'Écriture sainte*)中,他将之描述成"一位不忠的王子,却是灵活且伟大的政治家";后来他又提及加莱尔与马克西米安的死,没有隐射戴克里先:这"两位基督教会最为残酷的迫害者",上帝"命其向他们残酷压迫了如此之久的人民公开认罪"。②

伟大的历史学家、詹森教派教徒勒南·德·蒂耶蒙(Le Nain de Tillemont)在《帝王史》(*Histoire des empereurs*)一书中广泛运用了拉克坦提乌斯③——拉克坦提乌斯是其主要来源,而其他资料则用于强化拉丁神甫的护教观点。此外,勒南·德·蒂耶蒙忍不住扩展了《论迫害者之死》中的内容。他将戴克里先的故事置于天意的视角中:在极度的恐惧与迫害之后,迎来了一个新的纪元,即君士坦丁大帝的时代,而戴克

---

① 博须埃,《世界史叙说》,I, X, Paris,拉沙版,1864, t. XXIV,第337—338页。

② 博须埃,《圣经言语中的政治》, liv. V, art. II, prop. 5,雅克·勒布朗版, Genève, Droz, 1967,第155页和liv. VII, art. IV, prop. 10,第245页,从尤西比乌斯和拉克坦提乌斯开始。

③ 勒南·德·蒂耶蒙,《帝王史》, Paris, 1697, t. IV,第1—75页。关于这部作品以及最后几卷的出版,见布鲁诺·内弗(Bruno Neveu),《一个波罗亚尔学派的历史学家:塞巴斯蒂安·勒南·德·蒂耶蒙》(*Un historien à l'école de Port-Royal. Sébastien le Nain de Tillemont*), Le Hay, Martinus Nijhoff, 1966。

里先的生命的终结应该被打上对于这种颠覆的意识的印记；于是他作为皇帝的优点反而强调了戴克里先的缺点。"他幸福地统治帝国长达20年，这个事实令人无法质疑其睿智与灵活，以及品行与谨慎。甚至可以说他温柔。但是尽管有这些美好的优点，他也有极其恶劣的缺点。然而，因为他对于自身及其暴躁的性情控制得很好，他懂得巧妙地隐藏他的残忍与其他缺点，将那些会使其变得可憎的事交予他人去做。"① 每一行，勒南·德·蒂耶蒙的权威依据都是拉克坦提乌斯。然而，出于对戴克里先以及博须埃的尊重，强迫戴克里先逊位之人，即马克西米安、加莱尔，被视为迫害的唆使者，并要为戴克里先精神失常、陷入"妄想"负责。② 在讲述皇帝逊位的过程中，勒南·德·蒂耶蒙仍是步步紧随拉克坦提乌斯，他强调这位拉丁神甫是如何重新对17世纪初期的传统历史文献提出诉讼的，他的权威是如何迫使人们"放弃了许多人所宣称的戴克里先放弃统治是为了避免向他所预见到的帝国将要遭遇的灾难屈服的说法"，同时迫使人们验证了戴克里先的行为乃是出于"对于人类权威的宽厚的蔑视"。③

追随维克多·奥里利厄斯（Victor Aurelius）与特罗皮乌

---

① 勒南·德·蒂耶蒙，《帝王史》，前揭，t. IV，第3页。
② 同上，第25页和45页。
③ 同上，第51页。

斯(Eutrope),勒南·德·蒂耶蒙不顾拉克坦提乌斯的权威,重拾有利于忙于"种植他的花园"的戴克里先"隐退"与"休息"的版本:他报道了面对那些希望"他重掌帝国"的人,这位老皇帝所说的俏皮话:"我希望你们能够来萨罗亚看看我亲手种植的草木,因为你们将绝不会再跟我提起帝国。"对于戴克里先的"悲惨结局",历史学家陈述了几个不同的版本(中毒之后,"他的舌头完全溃烂,满是蛀虫")并且总结道:"我们可以确定的是,正如拉克坦提乌斯所诉说的那样,他被人蔑视且受到虐待,陷入绝望之中并且决定去死。他既不想睡也不想吃,他叹息着,呻吟着,不停地流泪,时而在床上,时而在地上打滚。他就如此被饥饿与忧郁耗尽精力而死,而根据尤西比乌斯(Eusèbe),一种令人烦恼的慢性疾病是其死亡的原因或原因之一,亦或是忧愁与绝望的结果。一个传言似乎说是因为水肿。他也可能是服食了效力不太强劲的毒药。"①

通过戴克里先的形象,传统留给西方一个特性有点暧昧不清的逊位的事例:一方面,古罗马皇帝的逊位可以成为明智隐退、远离世俗喧嚣与面对权力虚假的诱惑力而赞颂私人生

---

① 勒南·德·蒂耶蒙,《帝王史》,前揭,t. IV,第53页和54页。

活的事例;但是,另一方面,基于拉克坦提乌斯勾勒出的与17世纪所揭露的形象,戴克里先的逊位是上帝惩罚的一种形式,因迫害基督教徒而遭受的惩罚即衰退的开始,这种衰退将导致"迫害者"可耻的死亡。这个古老且几乎是里程碑式的事例不停地出现在极度渴望思考逊位行为的头脑之中,有助于我们理解近代关于自愿放弃权力的暧昧态度。

5

查理五世的逊位

1555年10月25日星期五下午3点,在基督当年死去的时辰①,皇帝查理五世在其宫殿的豪华大厅里宣布逊位。借此机会,他发表了一个演说,对他的行为作了一个总结,讲述了自己的旅行和穿越海洋的行为,并且表示了对于无法给人民带来安定的遗憾。他宣告自己将最后一次穿越大洋,从荷兰到西班牙:"我想第四次穿越以便葬身于此。"他之所以逊位,他说道,是因为他的懦弱有可能会致使其人民置于危险之中:"现在我感觉如此之疲倦以至于我对于你们而言不再是任何的帮助,正如你们自己所看到的那样。我现在精疲力竭且

---

① 这样的细节让查理五世具有了新基督的形象,让逊位成了一种死亡的形式。

心碎不已,如果我不放弃统治,我将要向上帝及人类偿还债务。"他以如下方式结束演说:"我非常清楚,先生们,我的一生中犯了很多错误,因为我的年轻、无知与疏忽,也有其他一些原因;但是我可以向你们保证的是,据我所知,我从来没有向我的臣民们使用武力或暴力。如果我有这类事迹,那绝不是我的初衷,而是疏忽所致。我对此感到很遗憾并且乞求原谅。"①

于是查理将最高权力授予其子腓力,并嘱托他要信奉天主教,秉持公正。1556年6月10日,他将弗朗士-孔岱(Fanche-Comté)地区让给其子。至于王位,他已经失去了将其传给腓力的可能性,查理五世将其传给了弟弟斐迪南(Ferdinand),后者已然在维也纳建都,自1531年起作为罗马皇帝统治帝国。而在1558年,选帝侯们正式承认了斐迪南的继承。

在此期间,查理五世于1556年8月28日来到西班牙,从他的退隐之地于斯特(Yuste),来到热拉尼莫斯修道院(Hieronymites)附近区域。他因诸事耽搁最终于1557年2月回到退隐地,并死于1558年9月21日。

这就是无情的事实:难以置信的逊位与退隐,史无前例,

---

① 引自皮埃尔·肖努(Pierre Chaunu),米歇尔·埃斯卡米莉亚(Michèle Escasmilla),《查理五世》(*Charles Quint*), Paris, Fayard, 2000,第363—364页。

震惊了参与者与见证人,以及整个西方,同时在一个多世纪里——以及现今——激起了无数的反响,以及形形色色的阐释,整个文学都志在洞悉一个令人无法理解的决定,一个秘密,尽管它会导致自相矛盾的解释。

我们将着手研究的并非无数文献与历史著作已然确立的事实与环境,①而是这些事实所激起的层出不穷的演说,以及关于皇帝痴迷隐退的原因的不同阐释,用当时流行且被皇帝自己所沿用的字眼来说,就是自愿从权力巅峰向"虚无"过渡。与痴迷密不可分的是将一个难以置信的行为回归理性与公共道德的尝试,是抑制其特殊性而使其成为"典范"(exemplum)的尝试,即使其成为可模仿的。因而我们的意图针对的是"逊位的皇帝"(Coesar abdicans),"自我剥夺权力的皇帝",这是我们翻译 17 世纪而来的——将近两个世纪的论文、诗歌与书生气十足的剧本的主题。一个形象,一个典范,一个体现了一种政治与神秘主义关系的形象。

---

① 历史文献非常多,查理五世的举动在历史和象征意义上都举足轻重。我们可以发现所有 20 世纪最伟大的历史学家都认同这一点,他们包括马塞尔·巴塔永(Marcel Bataillon),布罗代尔,阿尔丰斯·杜普隆(Alphonse Dupront),皮埃尔·肖努。最近的一本,就是米歇尔·埃斯卡米莉亚所写的书,在前一个脚注中已经引用过了,它用了一半多的篇幅来讨论皇帝放弃权力的行为。不得不提的还有一本论文集《查理五世》,胡戈·绍利(Hugo Soly)编,Arles, Actes Sud, 2000。

道德家:从蒙田到拉封丹

我们从这位皇帝隐退之后四分之一个世纪的两个文本开始,这二者同样也是道德或哲学类型的阐释。这是蒙田的两个段落。第一个出现在1580年版的《随笔集》中:

> 这就是查理五世皇帝最被人称道的行为(1588年后补充道:没有任何前人可模仿),他认识到理智建议我们自我剥夺权力,当我们的长袍成为重压,便应将其脱下,当腿脚不灵便时,便应躺下。他将其财富、权威与权力,让与了其子,当他感到自身的坚定与力量已然不足以如以前一般成功地处理事务之时。①

---

① 蒙田,《随笔集》,II,8,éd. Villey-Saulnier,PUF,1965,第391页。

第二段在1588年版的《随笔集》之中。尽管这里谈论的并非查理五世,但与前者的比较迫使我们正视这段文本:

> 君主们拥有的一切真正的便利与中产阶级是一样的(也就是说让天神骑上长有双翅的马并享用美味珍馐);他们的睡眠、胃口与我们一样;他们的钢的淬火并不比我们的好;他们的王冠无法替他们遮风挡雨。戴克里先如此威严而富有,却放弃了王冠以便退隐享受私人生活;不久之后,当共同事务要求他重掌大权时,他对那些请求他的人答复道:你们要是看到我家中由我亲手栽下的井然有序的树木与美丽的瓜果,就绝不会如此劝说我了。①

在1580到1588年间,查理五世这个唯一的典范进入了一个等级,一段历史,而这也是《随笔集》卷2第8篇所增添的内容:"没有任何前人可以模仿。"皇帝的行为变成"模仿"。古罗马人,平民,从此有了优先性,不仅在年表中,而且作为近代以及基督徒的可以仿效的范例。促成逊位的并非基督徒悔恨

---

① 蒙田,《随笔集》, II, 8, éd. Villey-Saulnier, PUF, 1965, I, 42,第267页。

的情感或对个人救赎的担忧,对于戴克里先而言,这是对"私人生活乐趣"的追寻,而对查理五世而言,是蒙田自1580年起作出的解释:"理智"面对力量衰弱的选择。① 在戴克里先与查理五世之间建立联系的做法从此被引入。他们二人之间的比较将是无数话语的主题,而其他一些话语中所融入的对于皇帝行为的道德学或哲学的阐释将在两个世纪里迫使我们正视它们。

因而根据道德学传统,皇帝的隐退是"理智"的信号:对于生活与命令的疲乏,厌倦了权威,渴望享受生活,想要休息和过一种简单的生活。这里我们的依据很多。托尔夸脱·塔索(Torquato Tasso,卒于1595年)在《韵脚》(*Rime*)诗集的第693首中写道:"对于忍受如一个新的地图集一般的世界/伟大的查理大帝已然厌倦了(Di sostener qual nuovo Atlante il mondo / Il magnanimo Carlo era ormai stanco)。"通过这些诗句,我们可以猜测到16世纪人们想象中关于查理五世与查理曼大帝之间永远潜在的却如此深刻的比较:查理五世,一位再生的查理曼大帝,开创了欧洲的新纪元,统一了各民族,大权在握,威严无比,激发了对于救世主降临以及基督教民族胜利

---

① 贝尔纳·伯尼奥,《18世纪隐退的话语》(*Le Discours de la retraite au XVIII'siècle*),Paris,PUF,1996,这本书会伴随我们整章。

的信念。阿尔丰斯·迪普隆在其《十字军的神话》(*Mythe de croisade*)一书的最为优秀的一章中出色地分析了这些近代政治神话。① 不管怎么说,对于塔索而言,取代伟大的查理(Carolus Magnus)的是最伟大的查理(Magnanimus Carolus),伟大的灵魂,对于行动的厌倦以及思想的胜利。

在几乎同时代的皮埃尔·查伦(Pierre Charron)1601年写就的《论荣耀和野心》(*De la gloire et de l'ambition*)的终章中,我们也可以找到与之类似的道德阐释,即出于对权力的厌倦导致的理性的隐退。② 查伦在书中提及了一种道德,即好好做,不寻求任何回报,即便是荣耀;通过引用威廉·杜·韦尔(Guillaume Du Vair),这位道德家写道,"道德越是崇高,就越不会寻求荣耀","道德不会在自身以外找到任何配得上自身的回报"。他用以下文字结束了他的章节:

> 拒绝并蔑视权威并非奇迹,要做出这一努力,并没有想象中困难。珍爱自己且有着健全判断力的人都会满足

---

① 阿尔丰斯·杜普隆,《十字军的神话》,Paris,Gallimard,1997,4 vol.,t. I,第366—389页。亦见海茵茨·希林(Heinz Schilling)和彼得·柏克(Peter Burke)在胡戈·绍利(H. Soly)所编的《查理五世》中重要的段落,尤其是第345页,418页以下。
② 皮埃尔·查伦,《论智慧》(*De la sagesse*),III,42,新版,Paris,1836,第696页。

于一份中等富裕的财产；过于积极或消极的自制力都让人难以忍受，唯有病态思想才会想要如此。欧塔涅斯(Otanès)，有权获得波斯王位的七人之一，主动放弃权力并将其留给同伴，唯一的条件是他与其同伴在这个帝国中不受任何奴役与控制，只接受古代法律统治，既不命令人，也不用接受命令。戴克里先离开并且放弃了帝国，而切莱斯廷(Celestinus)成了教皇。

这里我们有两个逊位的例子，戴克里先与1294年的教皇切莱斯廷五世；后者自愿逊位多少是出于本笃·卡耶坦(Benoît Cajetan)的恳求，将卜尼法斯八世(Boniface VIII)送上教皇之位。这里没有查理五世。我们注意到查伦所给出的道德或哲学的阐释：理想的"富足的财产"(mediocritas aurea)，对自己的爱，健全而非病态的判断。在查伦对于杜·韦尔的引用之中，我们看到的是一个以古代哲学为依据的典范，一份理想的睿智与斯多葛哲学。严格来说，这些都不是导致隐退的宗教动机，在戴克里先的情况里很明显，但即使是在被查伦世俗化了的教皇切莱斯廷五世的情况中也是如此，这位教皇是切莱斯廷派的建立者，死于1296年，1313年被封圣。

查理五世的隐退因而成为想要逃离世界烦恼的智者的典范与范例。这正是革德·德·巴尔扎克在其《谈话录》的第一篇中所写的,"退隐生活的乐趣"①。在《谈话录》中,巴尔扎克赞颂了"闲暇的快乐"(闲暇即拉丁语中的 otium)并将之与"昏昏沉沉的懒惰"作了区分。② 然后他以一份来自罗马的通信者的文字为依据,这是"关于查理大帝隐退生活的描述",他翻译了其中的两大页,原文可能是用拉丁语或意大利语撰写的。巴尔扎克在罗马的通信者,从一开始,就奠定了其阐释的基调——皇帝"对于世界很担忧"——同时他回忆了戴克里先的事例并将查理五世与之并举,对其大加称颂:"他的生活无可指责且无劣迹,不会使他遭受任何良心的责备。"从此以后,在圣-鞠斯特的惹拉尼莫斯修道院中,查理可以躲避命运女神的不确定性,思考虚荣、暴力与世界的无秩序,聆听哲学,将其灵魂交予"理性的话语"。然而巴尔扎克的通信者传播了一个传言,即皇帝对其隐退感到后悔,在拥有且蔑视了一切财富之后变得对小事情很吝啬;但是这些谣言被他轻蔑地扫除了:

> 西班牙国王原来的一个臣民以前给我讲过这个故事,但我对此不在乎并将其置于众多虚假故事之中。更多的表象显示如果寂寞的皇帝还有悔恨之事,那么他肯

---

① 这篇谈话写于 1651 年—1652 年,出版于 1657 年。我们可以参考贝尔纳·伯尼奥的版本,Société des textes français modernes, Paris, Didier, 1972, t. 1。
② 巴尔扎克,《谈话录》,前揭, t. 1,第 52 页。

定在后悔没有更早些离开这个世俗世界,或者如科西嘉岛上的一位作者所说的那样,后悔没有早些停止与命运女神的游戏。因为他曾说,通过这样做,他抓住了命运女神,尽管她是如此强大且如此擅长欺骗。①

巴尔扎克发展了道德思考的所有主题:反命题的上升—下降②;与戴克里先的比较;休息;对于激情的影响;理性与"哲学";隐退,统治的最高形式;沉思,"诸神之事",他们是战胜"上天及其意识"的唯一见证人,"最后一次完美的荣耀"③。但是通过两个方式我们接触了道德上的简单阐释:一方面,通过荣耀与胜利的主题,对于隐退的称颂——而非蔑视——以及对于权威的赞颂;而另一方面,勾勒出对于隐退的宗教,甚至是神秘主义的阐释的几个特色。

让我们用拉封丹以一种可爱的语气叙述但略显肤浅的两个文本来结束对于查理五世隐退的道德阐释的回忆。④ 第一

---

① 巴尔扎克,《谈话录》,前揭,t.1,第55—57页。
② 统治的顶点;海因修斯在《诗集》中的一句也被巴尔扎克引用到《对话录》中,éd. citée, t.II,第416页:"比所有凯撒都凯撒(Plus quovis caesare Caesar)。"
③ 关于查理五世的"意识"的概念,见希林在绍利所编的《查理五世》的篇章,前揭,第305页以下。
④ 关于其他的例子,我们还可以参考贝尔纳·伯尼奥的著作《18世纪隐退的话语》,前揭。

个文本是1659年的,出现在《沃的梦想》(*Le Songe de Vaux*)之中。这里涉及的是奥尔特谢(Hortésie)的一段演说,花园的神圣性。这里再次出现了戴克里先与查理五世的比较以及一些我们熟知的主题,如对于权力的厌倦与隐退后的自由:

> 我的礼物占据了那双手
> 那是对于一切应付自如的皇帝的手,
> 而人类最睿智的那位
> 走向我寻求庇护;
> 查理,以一种类似的画面
> 扑到我的胸前,
> 让我们看到他不止一个人:
> 其中一个为了我绿色的荫庇
> 离开了罗马帝国,
> 而另一个离开了世俗世界。
>
> 他们厌倦了徒劳的
> 征服其他省份的计划;
> 如果他们成为我的臣民,
> 我将把他们变成君主。①

---

① 载拉封丹,《作品杂集》,前揭,第89—90页。

1684年的第2个文本鼓吹尚蒂利的孔代王子(M. le Prince [Condé] à Chantilly)所取得的战胜激情的胜利,他的文人气质的、享乐主义的隐退,为了"享受自己"的隐退,将闲暇(otium)与尊严(dignitas)联系起来。拉封丹再次将其与戴克里先及西庇阿的传统进行比较,同时给予孔代相对于古代事例及皇帝的优越地位:

> 查理五世的双眼总是关注世界各地,并且离开只是表面,戴克里先是出于纯粹的厌恶,而西庇阿则是被迫的。王子殿下没有彻底隐退,但发现了享受自我的秘密。他同时拥抱官廷与乡野,谈话与书本,花园与建筑物的乐趣。他高贵地逢迎:他所逢迎的王子值得人们如此,同时比任何懂得统治的君王更加高贵。①

对于查理五世隐退的道德话语因而变成老生常谈。但是我们刚刚引用的拉封丹的文本与巴尔扎克翻译的文本中所包含的隐射使我们可以猜测到一种讽刺的阐释,它将减弱道德家的仰慕并且旨在使一个震惊西方的行为变得"可以理解"。

---

① 载拉封丹,《作品杂集》,前揭,第692—693页。原文于1696年首次发表。

确实存在着一种批评与讽刺的传统：它出现在布朗通（Brantôme）身上，一位期望不被弗朗索瓦一世与亨利二世的敌人表面的伟大所欺骗的法国人。在布朗通的《名人传》(*Vies des hommes illustrés*)中有一篇专门献给查理五世的演说，该演说开篇就比较了阿梅迪奥八世（Amédée de Savoie）与查理五世，同时带着讽刺地写道，为了实现"全方位的伟大"，皇帝只差成为教皇了。[1]

> 如果他的身体与精神还有些力气，他定会带着一支强大的军队直抵罗马，通过爱或武力获选；但是他酝酿这个计划太迟了，不再如以前一般健壮：因而上帝不同意他这么做；因为他想要使得教皇成为奥地利宫廷的世袭（闻所未闻之事）。
>
> 这是怎样的特色，又是怎样的一个人呀！不能成为教皇，他就化身修道士。这是自降身份。

布朗通总结道，皇帝最好还是成为"半圣人"的修道士，而不是拿他的灵魂与救赎冒险去"尝试""教皇之位"，"虚伪地"

---

[1] 《名人与外国伟大领袖传》，这本遗作在作者去世（1613年）50多年后才出版。我参考的是海牙1740年的版本，t. IV，第43—44页。

装作虔诚之人。

布朗通后面的文本,正如我们将看到的,会是另一种基调,但是这一页是对于皇帝行为的批判传统的最好证明。

事实上问题在于隐退的动机,决定逊位的原因与机缘。布朗通提到查理五世缺乏力量("不再如以前一般健壮")。此外,这同样也是历史学家梅泽雷(Mézeray)在其《法国史》(*Histoire de France*)中提出的动机,他为皇帝建立了一幅决定逊位时刻的心理肖像。① 这位法国历史学家将皇帝身体与精神上的健康视为其逊位的主要原因;他的"愚蠢的言行"(指的是衰弱),那些"精神与肉体上的残酷的疼痛",他身上承载着诸人的蔑视,总是做出一些令人难以忍受的事情,"他经常用脚跺地并且扭伤双臂",同时做出"一些与其威严与声望不符的鬼脸",这一切增添了"他生来的忧郁",导致查理五世考虑"留下——如果必须这么说的话——骰子给他儿子"。根据梅泽雷的说法,皇帝犹豫不决,脑中不断生出这一想法,又被他排除,又继续产生,"1555 年 4 月他母亲的死更增添了他对于世间万物的厌恶"。向他宣告死亡即将来临的医生的建议,以及最终已经 30 多岁、等不及想要统治的儿子的抱怨推动他执行计划。

---

① 梅泽雷,《法国史》,Paris,1646,t. II,第 668—669 页。

在展示了表面看来是逊位的真正动机并讲述了 1555 年 10 月 25 日的重大场景之后,梅泽雷陈述了"普通人与专家对于这一与众不同的行为的不同见解"。这些见解的内容首先是皇帝家族遗传的疯狂,他的母亲被称为"疯女胡安娜"(Jeanne la Folle),"因嫉妒而发疯,被关在一个高塔中长达 25 年之久,她在里面用手指甲与牙齿跟猫和老鼠作战";同样地,还有查理五世面对因其事业而导致的灾难时产生的内疚,"他导致了上百万的人的死亡",1527 年罗马被屠城,教皇被擒,他最初并不了解也不想破坏新教改革。无论如何,作为疯狂或悔恨的产物,根据这位法国历史学家带来的传言,逊位成为失败的最终标志。

神父斯特拉达与英雄声誉的毁坏

一部重要的作品决定了查理五世在历史上的地位,并且为那些针对皇帝隐退的有利或不利的评论提供佐证。这就是耶稣会教士斯特拉达的作品。他生于1572年的罗马,进入耶稣会之后,在罗马学院教授纯文学并死于1649年。他死前不久发表了《论比利时战争》(*De Bello Belgico*)①。我们将根据迪里耶(Du Ryer)的翻译引用这本书,后者的翻译很有趣,因为其出自一位才华横溢且对如查理五世这般独特的人物之英雄主义及伟大很敏感的作家之手,他也是高乃依的竞争对手。

---

① 斯特拉达,《论比利时战争二十书》(*De Bello Belgico decades duo*),于1637—1647年以拉丁语出版,两册正反页,在1652年由迪里耶(Du Ryer)翻译成法语,题为《弗拉芒战争史》(*Histoire de la guerre de Flandre*),这两个版本被许多出版社出版,我们使用的是1665年的巴黎版。

如果斯特拉达在其作品前十卷的开头提及查理五世,那是因为历史学家将1555年,即皇帝隐退之年,标注为弗拉芒直至1590年的混乱和分裂的开始,似乎这一隐退是整个社会动荡的起源并且打破了皇帝维持至今的平衡。简而言之,这是一个史学的论断,它将这次隐退视为暴力爆发的起始点。

这部《弗拉芒战争史》(*Histoire de la guerre de Flandre*)包含对于历史的思考,以及对于历史学家讲述的过去,历史学家的现在与读者的现在这三者关系的思考。一开始,就存在一种认为过去与现在很相似的想法。如果事实变化了,那么原因仍是相似的,而斯特拉达很清楚近代战争相对于中世纪之前战争的暴力的极端性源于这样一个事实,即宗教分裂增加了人民之间的对立以及他们与对手战斗的激情。因而,斯特拉达写道,在近代战争中,我们可以发现"如此多的被近乎同样的手法所更新的事实,以至于如果不是名字不同,你们会以为自己身处荷兰的古老混乱之中。因而在人类事务之中,时代与人物流逝而原因与事件不停地重生并且总是同样的。但是由于我们近代宗教之间的不快与人民之间的不和谐比中世纪之前更为强烈,因而我们拿起武器时会有更多的战斗热忱,我们的厌恶更为强烈,并且更为放纵暴怒"。[①]

---

① 斯特拉达,《弗拉芒战争史》,前十书,trad. Du Ryer, Paris, 1665,第3页。

因而这是斯特拉达对于历史的一个观点,犹如对于过去的"再现",将过去置于现在,这也是一种描述历史的方式,与古代作家,尤其是李维尤为相近。章节的划分已然暗示了这点,但是重要演说的再现使我们想起李维献给其笔下作出重要决策时刻的人物。当原始资料只包含几句话时,这位耶稣会历史学家所改写的演说,其本身也以历史的方式出现:我们会注意到,在斯特拉达呈现其置于准备逊位的皇帝口中的演说之时,他标注道,查理五世发表这个演说"似乎是想要解读其统治的历史"①。

我们可以因其丰富的内在意义以及他为17世纪打算谈论皇帝(或一位皇帝)逊位的那些人提供了资料来源而关注斯特拉达的故事。他把离开帝国,并且"当他拥有更多的权力之时自愿停止统治"的决定描述为皇帝的"伟大计划",一个"不为人知的奇迹"。起初只是查理五世的"秘密",这个计划在1555年10月25日在布鲁塞尔被揭穿。于是斯特拉达展现了皇帝当日应当发表的演说,明显是历史学家重新编撰的。② 他的疾病,对于荣誉的忧虑,将"统治的重负"交给有能力承担"重任"的其子腓力的手中的必要性,这些就是皇帝所提出的借口。根据斯特拉达,在其演说中,皇帝概括了"其统治的整个历史[……]从17

---

① 斯特拉达,《弗拉芒战争史》,前揭,第8页。
② 同上,第7—10页。

岁直至当日他所做过的一切";然后,通过一段很长的论证,他比较了由单一的"意愿"所接受到的遗产与因死亡的"必要性"而逊位所导致的遗产继承:"您的父亲,查理五世对他儿子说道,可以这么说,想死在时间前面,为了使您提前享受到其死亡的好处。"同时,为了强调因儿子的缘故剥离权力这一自愿行为的荣耀,他补充道:"我想剥夺死亡为您送上这份礼物的荣耀,我想象着这份双重的乐趣,似乎正如您因我而生存,您也因我而统治。将来很少会有人会模仿我的例子,正如我几乎无法在逝去的岁月中找到我可以模仿的例子一般。"但是这个对于死亡的胜利,父亲的逊位,"第一份体验",在岁月的长河之中,唯有儿子表现出值得如此的睿智,对于上帝的畏惧,以及"保卫天主教且捍卫公正与法律",这样的一个行为才会成为典范。

在这一大页威严的巧辩之后,斯特拉达陈述了皇帝逐一放弃其权力的各个步骤,王室,行省,岛屿,最后是象征统治的王笏与王冠;同时他用下面这个思考总结了皇帝"令人钦佩的隐退"故事:"然而查理,曾经是如此伟大且专横的王子,开始变得什么都不是,他将宫殿留给了新王子,并隐退于一家私人房屋之中直至人们装备好了送走他的大船。"[1]

---

[1] 斯特拉达,《弗拉芒战争史》,前十书,trad. Du Ryer, Paris, 1665, 第10—12页。

然后斯特拉达的故事中就发生了战争之前的幸福的题外话,即查理来到西班牙,居民的迎接以及财政上的困难:一到达岸边,老皇帝就亲吻大地,通过约伯当年说过的话承认其"赤身裸体":"如同当年他从母亲肚子里出来那样,他自愿赤身裸体且无约束地回到另一位母亲的怀抱。"①斯特拉达由此转而描述皇帝在圣-尤斯特修道院的住所,这个描述以田园诗的形式出现,与真实的粗野景色并无关联,却成为日后文学上的老生常谈:"这是一个可爱的地方,山谷优美,丘陵似乎从四面将其环抱,但是除了其可爱之外,这个地方还特别健康,主要是在冬天,空气温度宜人。据说塞多留(Q. Sertorius)这位著名的将军当年正是在此处为了躲避古罗马人的武器而隐退并因叛国而被处死。"朴实的房屋,一座喷泉,一些橘子树与柠檬树,"其花朵与果实都垂到了窗前":这就是查理五世"闭门谢客并且活生生地埋葬自己"的迷人地方。老皇帝的消遣同样简单:骑马散布,打理他的花园,"种植一些植物[……]嫁接树木,正如以前另一位皇帝(戴克里先)在放弃统治之后所作的那样",做闹钟消磨时间,参加宗教活动,阅读圣书,专心苦修,这就是斯特拉达所勾勒的查理隐退后的生活画面。②

---

① 斯特拉达,《弗拉芒战争史》,前揭,第 12 页;参见,《约伯记》1:21。
② 同上,第 14—17 页。影射戴克里先,因为他将查理五世的隐退带入到自古代以来的文学传统中,见前文,第 4 章。

与故事本身同样吸引人的是斯特拉达的思考与毫不"在意梦境与诺言的贩卖者的想象与情感"的历史学家所传播的谣言。这些页将我们引向的结论是,这个伟大的行为只能有一个与之相符的原因,即一个宗教的缘由:在皇帝死前十年的遗嘱之中,皇帝已经考虑了这个隐退;同样是以前,在给弗朗索瓦·波吉亚(François Borgia),甘迪亚(Gandie)公爵,未来的耶稣会教士的一封秘密信件之中,他也表达了这个企图;不管怎么说,查理五世的神圣结局对于斯特拉达而言证明了"一个虔诚且神圣的理由"导致了"一个如此虔诚的计划"。

斯特拉达书中这些冗长的页面,因迪里耶的翻译扩展了其表现力,将构成17世纪由查理五世皇帝的逊位所激起的绝大部分话语的主要参考与资料来源。

道德家雅克·埃斯普利(Jacques Esprit)在《人类德性的错误》(*La Fausseté des vertus humaines*)一书中,对于查理五世的行为,提出了一个完全不同于斯特拉达的阐释。他的目的与拉罗什富科(La Rochefoucauld)相近,在于透过人们眼中的美德或伟大,阐明背后的狭隘动机,自身的利益,对自己的爱,这一举动被保罗·贝尼舒(Paul Bénichou)在《伟大时代的道德》

(*Morales du Grand Siècle*)中阐释为"对英雄的毁灭"。① 因而,斯特拉达故事中的每个特征都被雅克·埃斯普利不怀好意的清晰所推翻。查理五世在其死前让人举行的葬礼证明了,与所有人一样,皇帝也畏惧死亡,同时,通过这个仪式,他试图"习惯于死亡,以便将死亡看得不那么残暴"。② 如果大家吹嘘皇帝的崇高,那么埃斯普利在研究查理隐退的原因之前,先揭露了西庇阿与苏拉放弃高位时的虚伪:在这位伦理学家看来,人类的每个决定都包含"往往好几个动机",而且,在这种情况下,怜悯与冥想,以及为了其自身的救赎而努力的欲望得到"好几个人类考虑"的辅助:疾病,失败,朝臣的不忠,甚至是懒惰,这些动机都被斯特拉达明确排除了。③ 戴克里先逊位的事例支持了雅克·埃斯普利的结论:"这位皇帝,迫害教会的所有暴君中最为残酷的一位,在放弃帝位且回退到普通人身份之后,对于不需要操心其他只需种植花园的新生活很开心,因为懒惰使他觉得那些因其地位而不得不带领人民同时纠正王国中的一切非秩序的人很不幸。看看他在统治帝国期

---

① 保罗·贝尼舒,《伟大世纪的道德》,Paris, Gallimard, 1948,第 97 页以下。
② 雅克·埃斯普利,《人类德性的错误》,Paris, 1678, t. II,第 219—220 页。
③ 同上,第 319—323 页。

间所做的,就可以很清楚地看到这点:他与马克西米安结盟,并创造了君士坦提乌斯一世与加莱尔两位凯撒,以便他在担负这个对他而言一直过于沉重且其衰老已然使得他难以承受的负担时,能获得帮助。"①

作为总结,伦理学家将对权力的蔑视阐释为野心的标志,同时再一次引用查理五世轰动一时的事例作为例证:

> 我们该如何评价这位对名声与荣耀极度贪婪的君主,如果他只是厌倦了通过伟大战绩而获得的荣耀,想要蔑视其所有权威并在所有欧洲人眼中战胜自己,以便通过这种新的胜利而配得上一种新的荣耀?
>
> 这位皇帝内心所隐藏的野心,为了参与其一生中最为重大的行动,与其怜悯相结合,这使我们认识到将一件有时完全或至少是部分地出于奢华或虚荣而完成的事归因于英雄主义的美德是错误的。②

博须埃在《法国史》(*Histoire de France*)的卷 16 中谈及查理五世展现给"全世界"的"伟大场景"以及讲述权力卸去的仪

---

① 雅克·埃斯普利,《人类德性的错误》,Paris, 1678, t. II, 第 324—325 页。

② 同上,第 328—329 页。

式时口气不再那么咄咄逼人。他非常简略地提及了隐退与死亡,同时借此机会批评了皇帝,后者从一个彗星的出现中得出了"其死亡即将来临的预言":"这些君主们,博须埃总结道,永远都会虚荣地认为他们的命运应该被记录在星辰之上;而无知的人类永远不会停止追寻一些政治秘密,甚至在大自然的天体运行中。"①

皮埃尔·贝尔(Pierre Bayle)在《历史批判辞典》(*Dictionnaire historique et critique*)中"查理五世"的词条下,为了发展皇帝逊位这个"美好的主题"——不过在他看来,这是"非常奇特的事情"——同时为了展现对于这个逊位以及查理五世在圣-鞠斯特生活的不同评价,他参考了斯特拉达以及大量其他资料。② 但是如果我们对他特别感兴趣,那是因为他引用了圣-雷亚尔(Saint-Réal)的一个故事,这个故事将我们引向了费奈隆(Fénelon)在《死者对话录》(*Dialogues des morts*)一书中贡献给查理五世的页面。

圣-雷亚尔神父没有写出一部历史作品,却写出了一部冗长而大获成功的小说,《唐·卡洛斯:历史趣闻》,并于1672年出版。正如他写的那样,他想让历史变得优美,这样他也就不怎

---

① 博须埃,《作品全集》,Paris,拉沙版,t. XXV,1864,第464和473—474页。
② 贝尔,《历史批判辞典》,Amsterdam,1734,t. II,第411页。

么理会历史的真实性了。实际上,《唐·卡洛斯》是对查理五世隐退到圣·尤思特修道院之后所发生事情的想象。这部小说讲述了查理五世的孙子以及腓力二世的儿子唐·卡洛斯的故事,他的悲剧命运启发了后来的席勒以及浪漫主义者们。在故事的开始,众人一起去圣-尤思特修道院朝圣,探访伟大先人查理五世的居住之所,"一个被人们称为西班牙最漂亮的地方"。神父斯特拉在此之前已经将这里描绘成"绿树常青"、"涓涓流水"、"数不清的橘子树、柠檬树"的地方,圣-雷亚尔更是进一步证实了这些,并称这里是"优雅的沙漠",之后他讲述了一个可能是唐·卡洛斯在这里参观时说的一件趣闻:"有人告诉他,在某一天早上,皇帝如何去叫醒其他的修士,他发现一个年轻的修士睡得很沉,最后费了很大力气才让他起来;这个年轻的修士懊恼地起来,可还是迷迷糊糊的,竟情不自禁地对皇帝说打搅别人的梦境是件快乐的事,而皇帝之前还没有去打扰过别人睡觉,这个回答让皇帝很高兴,他从此以后喜欢上了这件事。"①

这件趣闻的结尾被详细地记录在了费奈隆的《死者对话录》中,是查理五世与一个圣·尤思特修道院圣人的对话。②

---

① 圣-雷亚尔,《唐·卡洛斯:历史趣闻》(*Don Carlos. Nouvelle historique*, 1672),安德烈·勒布瓦(A. Lebois)编,Avignon, Aubanel, 1964,第 100—101 页。
② 费奈隆,《作品集》,前揭,t. I,第 465—467 页,对话录之六十六。1718 年第一次出版。

费奈隆的文本与圣-雷亚尔的文本的关系往往只是体现在字面上,因为在圣-雷亚尔的小说之前没有任何其他的文本提到过这件趣闻,我们可以假定圣-雷亚尔创作了这个小说,而勃艮第公爵的家庭教师讲述了它。贝尔在《辞典》中的"查理五世"这一词条进一步印证了这一点,因为他只参考了圣-雷亚尔这一种材料。①

这幅皇帝引退的滑稽画面由圣-雷亚尔通过趣闻描绘出来。而费奈隆也重复了这种视角,在他的整篇文章中有意地让皇帝的形象去神圣化:查理五世的"忧郁";他对他怜悯心的怀疑(令他烦恼的是,"他在这里只是向上帝祈祷");制造钟表的虚荣;没有钱;所有人的忘恩负义;在儿子腓力二世面前的失望、"忧愁"以及"担心"。这些只是每个人共有的东西,但是在其他作者那里,这些都会因为对于皇帝和他高大形象的崇敬而显得微不足道。费奈隆的语气要比他的学生——年轻的勃艮第公爵要令人惊讶得多,毕竟后者是查理五世的后辈,而我们则期待费奈隆其他方面的思考。在费奈隆的对话录中出现的,是皇帝对其行为的懊悔,对假装的皈依、隐退的懊悔。在我们已经引用过的文本中,布朗通否认了这种解释,他写

---

① 贝尔,《历史批判辞典》,前揭,第411页。也见匿名作品,《一个有思想的人对小说唐·卡洛斯的感受》(*Sentiments d'un homme d'esprit sur la nouvelle intitulé Don Carlos*, Paris, 1673),它严厉批判了圣-雷亚尔小说的不真实性。

道:"这个皇帝的皈依与宗教从来就没有被掩饰过。"①斯特拉达也对隐瞒的这一解释做出回应,不认同费奈隆的。② 巴尔扎克所翻译的来自罗马的文本同样确定说,皇帝从来没有后悔自己的行为。③ 至少,在 17 世纪末,多题材作家厄斯塔什·勒诺布勒(Eustache Le Noble),《世界的学校》(*L' École du monde*,1694—1709)的作者,给出了一个与费奈隆类似的关于皇帝隐退的解释:在其篇 28 名为"论对世界的厌恶和隐退的快乐"的对话中,他不否认这样的假设,即查理五世可能懊悔他所褪去的伟大形象,他将由"纯的精神和理性运动"引起的阿那克萨戈拉(Anaxagore)、德谟克利特、伊壁鸠鲁、西塞罗的哲学式隐退与戴克里先这样的残酷暴君的隐退对立起来。关于查理五世,勒诺布勒拒绝"深入这位伟大君主的内心"。对于这位费奈隆的同时代人而言,我们发现了关于解释皇帝行为的不无讽刺的差距。④

---

① 布朗通,《作品集》,La Haye,1740,t. IV,第 44 页。见第 106 页,脚注2。
② 斯特拉达,《弗拉芒战争史》,前揭,第 13 页。
③ 巴尔扎克,《对话录》,前揭,1972,t. I,第 57 页。
④ 厄斯塔什·勒诺布勒,《作品集》,Paris,1718,t. IV,第 23 页以下。见菲利普·乌尔卡德(Philippe Hourcade),《在顶峰与停滞之间:厄斯塔什·勒诺布勒(1643—1711)》(*Entre Pic et Rétif. Eustache Le Noble* [1643—1711]),Paris,Aux Amateurs de livres—Klincksieck,1990,第 383—384 页。

一个虔信人的隐退

一种对于查理五世作为哲学隐退的逊位和隐退的解释看起来与皇帝最初的宗教动机有这么一点一致,即他对拯救的担忧,对过往错误的忏悔,以及对死亡的准备。但是每一种解释都说得过去。一种基督教的精神性确实在查理五世的隐退中显现了出来,正如这种精神性伴随了他的一生,以作为后世的当代人的观点来看,这种行为是基督徒隐退的最完美形式,它与自我牺牲的精神性相合并且早于《师主篇》一个多世纪就表达了对世界的鄙视。倾向于这种解释的论据非常多而且往往令人信服。

在查理五世的一生中,我们首先要强调一个很早就出现的人,即乌德勒支的阿德里安(Adrien d'Utrecht),他是查理五世的教育者以及心灵导师,于1522年1月9日以阿德里安六世(Adrien VI)之名成为教皇(他当教皇的时间很短,因为他在1523年9月14日就死了①)。

乌德勒支的阿德里安不是文艺复兴式的人,他更像是一个中世纪的人,与最初的文艺复兴背道而驰。他在其短暂的教皇位子上鲜有成绩,他在罗马遇到的困难显示出他很难适应16世纪初教廷的习惯与氛围——可能是他很难适应自己的荣耀。贝尔写道:"人们对于他的死所表现出的快乐,说到底是对他的一种赞美。"不管怎么说,在曾经担任卢汶神学院院长,而后是托尔托萨主教、机枢主教,最后是教皇的乌德勒支的阿德里安身上,有着历史学家们在文艺复兴之后才称之为的理想主义甚至是堂吉诃德主义。② 阿德里安是一个祈祷者,一个孤独、节俭、喜欢阅读和写作、生活极其简单的人;与罗马人所期待的教皇的形象完全相反!奎齐亚迪亚(Gui-

---

① 米歇尔·埃斯卡米莉亚的书《查理五世》,介绍了这个重要人物(第656—662页)。也见希林,绍利编的《查理五世》,前揭,第297—298页。关于阿德里安,我们将参考贝尔在《历史批判词典》中的"阿德里安六世"的词条以及由保罗·焦韦(Paul Giove)写的他的传记:《阿德里安六世传》(*La vita di Hadriano sesto Pontifice massimo*),Florence,1551。也见《阿德里安六世:第一个反宗教改革的教皇》(*Adrien VI, le premier pape de la Contre-Réforme*),枢机主教凡·罗伊(Cardinal van Roey)等人著,Louvain, Publications de l'Université et Genbloux, Duculot, 1959;以及安德烈·夏斯泰尔(André Chastel),《罗马之劫:1527》(*Le Sac de Rome, 1527*),Paris, Gallimard, 1984。

② 见皮达尔(Ramón Menéndez Pidal),转引自米歇尔·埃斯卡米莉亚,《查理五世》,前揭,第656页。

chardin)也对这位"野蛮教皇"意外的当选做出了回应,这个教皇"从来没看过意大利",他在教廷中没有任何经验。①

查理五世和阿德里安的关系就像是儿子与父亲的关系(根据1522年3月皇帝的话),这种关系让我们可以更进一步地看到这位教皇有着怎么样的精神:在1522年,教皇一当选,皇帝就写信给他的大使们,他从新的教皇身上学到了"一点点上帝赐予他的文采和良好品德"②。一个被历史学家证实的假设是通过阿德里安,兄弟会(Frères de la vie commune)的精神,现代虔信(Devotio moderna)的精神,特别是我们在前边用大量篇幅所介绍的《师主篇》的精神都传递给了查理五世③;我们的假设是,这种基督教忘我的精神在信中出现并且反映到社会和政治环境及皇帝的性格中,这种精神给了皇帝一个框架或者方向,去思考这种极端行为,即他的逊位。

皮埃尔·肖努也说明了,这种精神是宗教改革以及帝国改革尝试的支撑和起源之一,而这些尝试都是由查理五世不

---

① 奎齐亚迪尼,《意大利史:1492—1534》(Histoire d'Italie, 1492—1534),Paris,Robert Laffont,coll. « Bouquins »,1996,t. II,第212页,234页。

② 由埃斯卡米莉亚引用,《查理五世》,前揭,第662页。参见马塞尔·巴塔永(Marcel Bataillon),《伊拉斯谟和西班牙:16世纪精神史研究》(Érasme et l'Espagne. Recherches sur l'histoire spirituelle du XVI^{e}siècle),Genève,Droz,« Titre courant »,1998[第一版,1937],第140—141页和第156—157页。

③ 见巴塔永,肖努,埃斯卡米莉亚。也见希林在《查理五世》中关于查理五世宗教情感的段落,前揭,第306—307页。

断倡导的。① 然而,伊拉斯谟对于这种精神的再解释在16世纪初占据了主导地位。然而,伊拉斯谟是阿德里安的同胞以及通信者,后者一当上教皇就在1523年邀请伊拉斯谟前往罗马(伊拉斯谟拒绝了)。查理五世也对伊拉斯谟推崇备至,他的作品直接或间接地影响了查理五世。② 查理五世确实不是一个文人,他不懂拉丁语,他讲法语并且受过良好教育,尽管这些是出于阿德里安的期望,但是他在一开始统治的时候,做的体育运动多于书本、文化训练。③

在众多具有这种精神性的作品中,第一个充满了阿德里安的思想和怜悯的文本就是《师主篇》,能够表达"基督教哲学"的主要著作之一,保罗·焦韦认为这本著作是对阿德里安六世思想的最好定义。④ 源自教皇在公众面前所表现的淡定,这种基督教哲学是诡计,是统治,而文艺复兴时期的教皇就大张旗鼓地运用起来。阿德里安六世有着华丽的墓志铭:"阿德里安六世长眠于此。除了具有至高无上的权力外,没有人比他的一生更加不幸了。"⑤这不一定是查理五世

---

① 肖努和埃斯卡米莉亚,《查理五世》,前揭,第157—159页。
② 同上,第246页。
③ 同上,第544页。
④ 保罗·焦韦,《阿德里安六世传》,前揭,第271—272页。
⑤ 同上,第337页。

最为重要的态度,但是这个墓志铭向我们展示了阿德里安对他的影响,他接受了怎样的教诲、怎样的范例。这种阿德里安六世所深入进去的精神,通过伊拉斯谟的作品表达了出来,但是语气与我们在《师主篇》中熟知的还是略有不同。通过这位人文主义者的作品,我们实际上置身于不同于《师主篇》的另外一个文化和精神背景之中,伊拉斯谟与修道院的生活和精神还是保持了一定的距离。尤其是在他的《准备死亡》(*Préparation à la mort*)中,通过比较,我们可以找到一些可能理清查理五世退位的主题。伊拉斯谟关注的不是生活状态,而是他所认为的"基督教哲学"的最高点,是基督的战士所应该引领的至高无上的战斗。伊拉斯谟本人鄙视一切可以被死亡夺走、具有过渡性质的财产,他认为人和物都是短暂的,[1]如果事物是廉价的,那么我们就不难与它们脱离。这种脱离是"基督教哲学"中最重要的一部分之一,而且柏拉图在《斐多》里已经说过了,哲学就是对死亡进行沉思。[2] 但是伊拉斯谟认为,沉思死亡就是沉思真正的生活。[3]它可以战胜我们称之为的"世界",也就是圣保罗所指的进

---

[1] 伊拉斯谟,《准备死亡》(*De praeparatione ad mortem*)第一版,1534;见《作品集》,Paris,Robert Laffont,coll. « Bouquins »,1992,第 849—857 页。
[2] 柏拉图,《斐多》,67d—e。
[3] 伊拉斯谟,《作品集》,前揭,第 858 页。

行实践但不知满足的老人,并且,战胜世界的是信仰,这是圣·约翰的第一封信里所讲的。①

受古代传统道德的影响——这种传统至少可追溯至《伊利亚特》、卢克莱修以及传道书②——伊拉斯谟在坚持人的悲惨境地之后,又发展了意外死亡这一概念,这种死亡每天都在一点点地发生,对于明天是一种不确定性,为的就是要对自己进行忏悔并将自己的生活安排好:"当我们正过着健康的生活,我们会遭遇[……]困境,意料不到的病魔会把我们按在床上,那就让我们将屋子收拾好吧。"③伊拉斯谟并没有宣扬虔信、行动、圣事、心愿和朝圣的承诺,而是对耶稣之死进行沉思④;他加入了许多基督战士、发号命令的上帝的战士的隐喻,也暗示了履行兵役的生活,他在 1504 年发表、1518 年再版的《基督战士手册》(*Enchiridon militis christiani*)中对这些主题进行了长篇的论述⑤——在这个《手册》中,他将基督描绘为帝国政府的典型并且认为基督教国王应该以耶稣为楷模,

---

① 《约翰福音》5:4,由伊拉斯谟引用,前揭,第 862—863 页。见《哥罗西书》3:9;《加拉太书》4:24。
② 伊拉斯谟,《作品集》,前揭,第 867 页。《伊利亚特》,XVII, 446—447:"没有什么动物比人还不幸。"传道书,VII, 2。
③ 同上,第 875 页,根据以赛亚对希西家的话,《以赛亚》38:1。
④ 同上,分别是第 891 页,第 893 页,第 881 页。
⑤ 同上,第 882—883 页。参见《约伯记》7:1。

而不是汉尼拔、亚历山大、凯撒或是庞贝:"从权力中解脱出来,而不是从基督那里解脱。"①然而,即使他赞美一种低调生活的宁静和远离荣耀,伊拉斯谟并不是要宣扬放弃和断裂,而是逃离世界的困窘,远离用更好的东西交换得来的好处。②他想让国王们走福音书的路,这与路德不同,路德认为教廷不能对世俗事务产生影响。不管怎么说,对于伊拉斯谟而言,并不是要从修道院的状态中逃离出来,而是要进行一场基督战士的斗争,就在被世界所占领的内部。

从《师主篇》到伊拉斯谟,在精神中不断出现、被我们所强调的智慧主题,也出现在西班牙精神的背景中:多米尼哥伟大的精神作者格兰纳达的路易(Louis de Granade)也在《布道者导引》(*Le Guide des pécheurs*)中强调了对于位高权重者的强烈不满,这样的人是"帝国的暴发户",他指出唯有上帝才能填补所有的欲望。从普鲁塔克、圣经、神父们那里汲取的历史例子,都具有一个共性,即它们都终于传道书里所讲的"一切都是浮夸"。③

---

① 伊拉斯谟,《基督战士手册》,费斯蒂吉埃(Festugière)译,Paris,Vrin,1971,第 184 页。
② 同上,第 209 页和 135 页。
③ 路易,《布道者引导》,吉拉德(Girard)译,Paris,1658,第 519—528 页。

然而,在这些精神性文本中,呼吁信仰的转变并不像查理五世的决定那样,具有社会形式。所以我们可以做第一个假设,是不是皇帝的逊位与退隐,完全是对鄙视世界的漫长精神性和退隐传统的回应(这些可以追溯至传道书,圣保罗,《师主篇》)完全没有超出创立这些行为和能够提供这些行为解释的学说:行为超出了它的原因和它的论证,超出了我们能够找到和应该找到的在它起源那里的话语和教诲。对此,我们应该将这种行为重新置于整个生命的宗教向度之中,应该问,正如我们一直以来所做的那样,在权力的核心之中什么是否定的力量,什么样的否定性力量能摧毁至高无上的权力。

一个皇帝的宗教

许多因素都可以更好地理解查理五世逊位行为的宗教意义。首先,事实上查理五世在于斯特退隐引发了一系列其他的退隐,虽然很有限,但是意义深远,而且在一个16、17世纪君主的身上不曾发生。也是从1527年4月13日起,查理五世就处于一个危急的状态,这个日子并没有标记出他的年龄、身体疲惫以及疾病,他就退隐到阿布罗霍蒙修道院(monastère de l'Abrojo)去过复活节之前的圣周。这个日子不是无关紧要的:人们正在等待可能的大事件的发生,帝国的军队正以无可抵挡之势冲向罗马;实际上1527年的5月就发生过对罗马的包围。即使人们当时不能预见这个事件的极度后果,但是皇帝就是在修道院的孤独中度过了这样的等待。①

---

① 巴塔永,《伊拉斯谟和西班牙》,前揭,第252页。

此外,以我们所掌握的一些蛛丝马迹来看,在一些活动的同时他的这些退隐也存在于怜悯生活中:如果我们相信《查理五世传》的作者纪尧姆·芝诺卡鲁斯(Guillaume Zenocarus)的话,那么就有证据表明皇帝进行了怜悯的实践,他习惯于自己撰写祈祷文并隐退到祷告的热忱之中。① 在胜利、等待或是不确定的时候退隐到祈祷之中构成了查理五世人生的坚韧,就好比在紧凑的活动之余,找出了些许孤独和祈祷的时光。而在行使权力时从权力中退出来,或是至少退隐到比权力低或高的位置,这都令当时的人和后来的人感到吃惊。并且,1525年3月10日,查理五世在马德里知道帕维亚在15天前就被攻克的捷报时;他并不想去庆祝胜利,而是将这些恩赐的行动归于上帝,退到他的祈祷堂中去祈祷。②

然而,要强调的是,在这些退隐中,有些事情不是完全发生在皇帝身上的,这些事情可能是一种家族行为。他的妹妹匈牙利的玛丽在1555年也随他逊位:她那时50岁;她当时统治荷兰,并且早就想过用整个人生去祈祷,她进入权力之路只是出于她哥哥查理五世的压力。她不能为另外一个人服务,她在几个月前曾写信给她哥哥:"以国王的名义重新服侍他的

---

① 由贝尔引用,《历史批判辞典》,前揭,t. II,注释 Q。
② 肖努和埃斯卡米莉亚,《查理五世》,前揭,第211页。

侄子,这对他来说是不合适的,应该满足于只有一个上帝和一个主的余生。"①确实她总是表现出想要退位的意愿,而且对世界漠不关心,一些人把这种在整个家族中都有所显现,而在他哥哥身上尤为明显的倾向归结为"忧郁"。

关于皇帝的怜悯行为,大使费代里科·巴多尔(Federico Badoer)在皇帝的最后日子里探访他,他在回到威尼斯之后讲述到"关于冷漠与忧郁的复杂",他"总是展现出他在信仰上的最大忠诚";这样的用语是习惯性的吗,但是大使具体说道:"在他出发去西班牙前,他经常习惯性地手里拿一个十字架,作为一个重要的见证他宗教热情的人,我千真万确地听人说道,当他在紧靠新教徒军队的英戈尔施塔特(Ingolstadt)时,人们在子夜看见他在帐篷里双手合十跪在十字架前。"②如果按照威尼斯大使的解释,这样一种"忧郁"的态度(这也可以解释逊位和隐退)可能不如看到皇帝在成功与失败面前的坚韧态度重要。③ 米歇尔·埃斯卡米莉亚在其对查理五世的研究中举出了很多在这个意义上的证据,这可以让人想到,在这个年轻岁数时的英雄,所做出的逊位和隐退的选择不是即兴的,也

---

① 由肖努和埃斯卡米莉亚引用,同上,第372页。
② 同上,第330页。
③ 转引自绍利主编的《查理五世》,前揭,第108页:"他经常长时间地沉思和哭泣,流的泪水像孩子一样多。"

不是年龄、疲倦或疾病导致的。1520年,查理五世20岁,他在前往德国接受皇帝权杖前,曾在圣雅克·德孔波斯泰尔(Saint-Jacques de Compostelle)沉思了很长时间;1521年4月18日,在出席召见路德的沃木斯议会前(可能是他在世时后果最沉重的一天),他在夜里祈祷与沉思;1529年,在前往意大利的博洛尼亚接受金冠之前,他去参拜了蒙特塞拉特圣母像(la Vierge de Montserrat),一如既往,他要穿过加泰罗尼亚。① 在他的妻子葡萄牙的伊丽莎白于1539年去世的时候,查理五世在热罗尼莫斯修道院(monastère des Hiéronymites)里住了一段时间,在那里他度过了像僧侣那样的圣周。我们引用热罗尼莫斯修道院编年史家何塞·德·锡古恩萨(José de Sigüenza)对于这一点的记录:"要不惜一切代价地去权衡:在一个骁勇好战的君主心中,经过战争、胜利和凯旋,早已经深深埋下了放弃荣耀和国家的念头。基于此,在我眼里,他是一个宗教徒,一个具有坚定和坚决精神的宗教徒,我把他看作是立誓修行的僧人。"②热罗尼莫斯修道院的编年史家把皇帝描绘成一类宗教徒,几乎赋予查理五世的行为一种宗教信仰价值。何塞·德·锡古恩萨也将他诠释为某种进入宗教之中

---

① 肖努和埃斯卡米莉亚,《查理五世》,前揭,第521—522页。
② 同上,第522页。

的行为,与最高尚的胜利相联系,也就是一个被历史学家们大量地使用的词——战胜自我。①

本笃会的普鲁登西奥·德·桑多瓦尔(Prudencio de Sandoval)在《查理五世皇帝的生平和行动》中也将宗教向度置于首要位置:

> 正如所有的事情都会被评论,有人会说君主在付出巨大努力、为国征战多年后放弃他的国家和王国,是不明智的。但是只有不理解这种精神的人才会说这样的话,这样的人没有触到可让他忘记和鄙视尘世王国和生活的火花,这种精神让人享受上天的垂青、灵魂的安宁,这种安宁是上帝赐予投身于冥想高尚事物的人的。②

应该认为,这位皇帝选择热罗尼莫斯修会并隐退于修道院的昏暗之中,是有特别意义的。正如米歇尔·埃斯卡米莉亚提到的,这个修会是在 14 世纪由一些受圣·杰罗姆接济的隐修士创建的。③ 他们在当时追随隐修士主义的精神性,这

---

① 肖努和埃斯卡米莉亚,《查理五世》,前揭,第 396 页。
② 普鲁登西奥·德·桑多瓦尔,《查理五世皇帝的生平和行动》(*La Vida y Hechos del Emperador Carlos V*), Pampelune, 1614, 两卷, in-f°; 转引肖努和埃斯卡米莉亚,《查理五世》,前揭,第 396 页。
③ 同上,第 551 页以下。

种隐修士主义在16世纪尤其是17世纪开始令人着迷。[1] 波罗亚尔修道院和拉特拉普修道院都受这种与沙漠神父们精神性相结合的理想状态启发,许多活跃的人和士兵都皈依到这个修会,进而过上了孤独和退隐的生活。热罗尼莫斯的修士们就组成了常规的宗教修会,他们隐退到"沙漠"中(像圣·杰罗姆那样),然后过上了修士的生活。并且部分地放弃了令人兴奋同时又令人怀疑的隐修生活。他们的存在是为了沉思和祈祷。正如他们其中一个人于1452年写的那样:"为此,不仅要在修道院里沉思,还要在自己的屋子里沉思,这就是为什么我们在近乎沙漠的地方过一种平凡的生活,在这里我们感受不到尘世的骚动。"[2]关于这些修士,一个编年史家写道:"他们在找寻沙漠,放弃了尊严和荣耀。"像他们的守护神圣·杰罗姆那样,他们的沉思之物是圣经。当我们回想起查理五世每天都读圣经的时候,我们可以想到这样的阅读一定具有伊拉斯谟式的精神性倾向,而且这也是他在隐退之后每天进行的修会传统活动。编年史家标记道:"我们伟大的听众查理五世每天都像一个修士一样准时参加讲道或阅读。"[3]选择热罗

---

[1] 见圣索利厄,《17世纪法国的修道士》(*Les Ermites en France au XVIIe siècle*),Paris, Éd. du Cerf, 1975,以及对于整个这一章,见伯尼奥,《17世纪的隐退话语》,前揭。
[2] 转引自肖努和埃斯卡米莉亚,《查理五世》,前揭,第522页。
[3] 转引,同上,第563页。

尼莫斯修会以及他们简陋的修道院很好地显示了皇帝精神性的导向。①

如果去研究两篇可以说是皇帝"私人"的文本，我们可以更早地进入皇帝的精神世界，即使文体的细节表明应该有人部分地进行了代笔。第一个文本是《教导西班牙腓力二世国王》②。皇帝提了一下他的逊位，他是通过放弃"至高无上的力量"并放弃君主宝座退到"臣民的境地"来完成这一行为的；他在其中看到了最高的荣耀，即"超越统治的雄心，进而达到顺从的状态"，由此战胜了自负(amour-propre)。

皇帝给自己的行为找了三个原因：父爱，责任和宗教。但是引导这种行为的是荣耀和名誉，就像作为死后奖赏的未来荣耀是一种无私的奖赏，一种比考虑它的人还要长久的存在：父亲的行动应该为儿子做榜样，从而让儿子日后也获得荣耀。但是反过来，是儿子的德性和操行让父亲的行为变得无私；否则，父亲就会被怀疑没有考虑儿子的操行，而只是为了想要休息才退位：

实际上，如果您具有某种令人指责的操行，人们不会

---

① 关于查理五世在修道院中的活动，见埃斯科米莉亚，前揭，第565页。
② 第二版，La Haye, 1700(B.N. * E 3163)。

义正言辞地说这是因为您年纪轻,不会说是出于对世界的厌恶,不会说是我没给您好的影响,不会说我不希望您统治国家造福臣民,而只会说我因自己的利益而被迫放弃统治的权力。①

隐退的道德层面如果远离尘世烦恼的休息(otium)而被驳斥,那么,即便古代的戴克里先和马克西米安的例子也是无效的:是儿子的德性去证明父亲的隐退不是只想着养花种草以及逃避行动上的疲倦。

所以我们明白了,对于"荣耀"的担忧是怎样矛盾地创立了无私。对于这个主题,它显然是我们思考它与无私以及消亡的精神性关系的关键,阿尔贝托·特南蒂早先写了许多重要的篇章,其中一本书的第一个章节就是讲"荣耀的神话"②。人道主义的荣耀是人们追求不休的事物,它终究要与宗教的超验性产生紧张关系。确实,这个主题既是人道主义的也是基督教所提出的,荣耀来自道德的纯洁性,来自上帝的爱,来自邻人;但是人道主义的荣耀,是英雄死后产生的,是写出的

---

① 《教导西班牙国王腓力二世》,前揭,第5—6页。
② 阿尔贝托·特南蒂,《死亡的意义和生命的爱》(*Il senso delle morte e l'amore della vita nel Rinascimento*, 1957),法文版,Paris, Serge Fleury-L'Harmattan, 1983。

记忆所讲述的,是与我们回忆紧密相连的尊崇的来源。这样来看,查理五世给他儿子的建议是一种对于至高荣耀的追求,它包含了拒绝荣耀、远离统治的荣耀,为的是得到帝国本身的荣耀,这种追求将暴露在世界之外的英雄的德性(virtù)转移到内心之中。

至此我们就能够触及到查理五世的死亡以及他在他曾祖父死的时候所做的安排——他的曾祖父勃艮第公爵大胆查理(Charles le Téméraire),于 1477 年死于南希城前,终年 43 岁——以及克明尼斯(Commynes)对死亡的反思。① 克明尼斯在三页组成的某章节中反思了天意在历史中的作用:"上帝想赦免他的原罪——我看到的是伟大而荣耀的君主,他被周围人尊重,受周围人倚重,任何君主此时都不是基督附体,或是有所谓的保护人。我一直不明白为什么他要招致上帝的愤怒,所有他在这个世界上获得的恩赐和光荣他认为都是来自他的常识和德性,而没有将它们归功于上帝,而其实他应该这么做。"当克明尼斯列举勃艮第公爵的宽厚、恩泽以及"伟大的

---

① 这样的比照是可行的,因为我们知道了奥利维尔·德·拉马尔什(Olivier de La Marche)的诗,《毫不动摇的骑士》(*Le Chevalier délibéré*),一个以大胆查理为原型的传奇故事,它对查理五世的影响很大;见绍利编,《查理五世》,前揭,第 23 页。见克明尼斯,《回忆录》,liv. V,第 9 章,戈德弗鲁瓦(Godefroy)版,Bruxelles,1723,t. I,第 308 页以下。

荣耀"时,他反思的是这种荣耀:"然而,这些思想都结束了,一切都转向了损害和耻辱,因为赢的人就已经有了荣耀。我不会对认为我们的主显示出愤怒的人去说,不会对那些顷刻间战死沙场、面无血色的人说,也不会对他的那些永不知疲倦、不停作战的臣民们去说。"他总结道:"我从四面看这座荣誉之屋,突然它跌落成了一座最荒凉最失败的屋子,作为君主和臣民,他们没有任何邻居。在我们出生之前,我们的主创造了这样的和类似的作品,在我们死之后他还会再这样做,因为应该记住的是,君主们伟大的成功或者惨烈的失败都来自于主的神圣命令。"①

当我们知道了勃艮第遗产在政治和文化上的重要性时,对于查理五世来说,人们就不能对他外祖父的例子和克明尼斯关于他命运的解释无动于衷。查理五世实现了祖辈没有实现的事业,同时也停止了自己迈向荣耀的脚步;他的死不是上天对他的惩罚,而是对于人协助完成上天作品的承认:在一定程度上,人通过否认对于荣耀的渴望跳出了荣耀的死路,变成了一种能意识到天意的工具;他强行获得了上帝的评价,同时抛开了这个评价,因为它已经被人说出来了。然而,这种担心上帝评价的行为产生了两个后果:一方面,下一代将不得不去

---

① 克明尼斯,《回忆录》,前揭,分别为第 309 页和 311—312 页。

赞美这一行为,并且将其赋予为人称道的价值(给腓力二世的意见就都依靠人们对于他父亲的评价);另一方面,对获得最大荣耀的人进行赞扬,实则会颠覆荣耀,也就是将荣耀置于上帝的位置,正如《尊主颂》(*Magnificat*)所说,"他叫有权柄的失位"①。

我们通过对最后一个文本的分析来结束这一章,这个文本不具有太多的历史价值,因为它出自17世纪后半叶的一位不太严谨的剽窃者之手,他习惯于将历史转化成小说。这就是格雷戈里奥·莱蒂(Gregorio Leti)的《查理五世皇帝传》(*La Vie de l'empereur Charles Quint*)的几个段落,它以意大利语出版并被翻译成法语。② 这个传记准确与否并不重要,莱蒂不假思索地剽窃前人并按照自己的材料进行渲染,创造了许多浪漫情节,这些也都不重要;这本书反映了一种观念,即最广泛的社会舆论对于皇帝这一行为的担忧。莱蒂一上来就阐述了一个假设,查理五世离开国家,是因为他想要获得一种特殊的荣耀,通过一种超越其他君主的一切荣耀的行为,即

---

① 《路加福音》1:52。

② Amsterdam,1702,四卷;再版,Bruxelles,1715,四卷,in-12,我引用的版本。

"超越他自己",压制"对一个平常人来说极为强烈的统治欲望"。① 在讲述了戴克里先和老加图的例子,并用一个准确的词"凯撒"(ana)来描述苏莱曼一世(Soliman)的统治形式后,莱蒂介绍了查理五世在1558年死之前发表的一篇演讲。这个文本显然是根据历史学家和编年史学家提供的素材杜撰出来的。从这些素材中,莱蒂建构出了一篇"演讲",它由完全古典的修辞渐进的几个步骤构成:首先,根据最流行的精神特点,祈祷上帝对自己的认可,这是为了能够得到"安详死去"(la bonne mort)的恩典;对已经获得的荣耀和权力的认可;最后内心的认可,也就是认识上帝和自己,相对于上帝创造的虚无,"世界上一切事物"的虚伪。接着,演讲要求原谅原则、希望救赎,以及至福(félicité)。② 我们能够看出一场祈祷的所有要素:认可、懊悔、要求和希望。在死亡的"关键时刻",将祈祷置于此,这种祈祷在建立某种观点的过程中是一种论据:莱蒂在上文提出的论题是将隐退看成对荣耀的确认,他自己相信这一点,也许比他的公众们要超前,他以此反对将隐退看成是虔信的最高行为,一种完全出于宗教动机的行为。这就是他在稍后关于介绍皇帝隐退意义的结论中所明确说明的:

---

① 格雷戈里奥・莱蒂,《查理五世皇帝传》,1715, t. IV,第271—272页。
② 同上,第381—382页。

的确,如果我们考虑他灵魂的伟大,进而这个皇帝放弃了对领土和海洋的拥有,放弃了主权,没有保留一寸土地,如果除此之外,我们认真地反思他的坚定与坚韧,并且他带着这样的品格与僧侣们在那个地方一起过了两年的孤独生活,在这段时间里他战胜了自己,取得了一场最漂亮的胜利,最后,如果我们注意到了(也应该注意到)在他生命的最后,死亡远没有让他措手不及,而是像他一直以来期盼的那样,他与死亡融为了一体,当他风华正茂时,如果人们检查所有的这些事情,自然会得出这样的结论,查理五世皇帝并不是轻率地逊位,而是找到一个英雄和基督教式的解决办法。①

这些结语理清了莱蒂对皇帝隐退特点的判断,即"一种真正的英雄和基督教的解决办法":两个特点并不会相悖,反而彼此互补,这回应了一种反对意见,这种意见声称逊位中只有人的荣耀和最辉煌的胜利。在皇帝眼中,17 世纪结束于这两个动机的混杂,在这两种动机之间,我们不停地摇摆于英雄的荣耀和信仰的完全无私,而无法了结。

---

① 格雷戈里奥·莱蒂,《查理五世皇帝传》,1715,t. IV,第 407 页。

6

理查二世或自愿被废黜

我们之所以专门用一个章节来研究莎士比亚的悲剧《理查二世》，这是因为这部戏剧极佳地体现了逊位的悲剧。它导演了王国渐进的且戏剧化的瓦解过程。同时在这个瓦解与自愿退缩的过程中，甚至是在瓦解的那一刻，以对比的方式出现了，不仅构成国王本人，且构成了所谓的"国王"称号的形象整体。国王诚实地出现于这个行为之中，并通过此行为废除自我；似乎国王唯有在通过一个里程碑与奠基的牺牲行为抹杀了自身所有国王标志的那一刻才是"国王"，这个行为通过建立王国，导致了人类或虚无的出现。在这部戏剧中，不仅涉及了一个人与王国的废黜，面对敌对力量的失败，其权力与自身的倾覆，同样涉及了那些攻击他的人在其身上所发现的强烈的同谋性：理查本人体现出了某种对于废黜的向往，对于其失败的痴迷,对于最终的衰落与死亡的预测,并非不开心。与政治悲剧结合的是一场内心的悲剧,导演了一出——也许是代表性的——死亡与衰落的冲动戏。

因而《理查二世》是莎士比亚最为重要的作品之一,同时也是伊丽莎白时代最为现实的作品之一,正如在查理一世与雅克二世时代它的影响仍然不变;而女王伊丽莎白一世对于这部悲剧的颠覆性的畏惧更凸显了其现实性,后者事实上将被后人视为一部极其危险的政治剧:在查理二世的复辟时期,1660年,这部戏剧甚至被禁止。但是对于我们而言,它的力量远远超出了政治范畴。

一个王朝的阴谋

对于一部应当整篇阅读且严格注重文本的剧作,我们不可能用短短几行将其概括。理查二世,黑太子(1330—1376)爱德华的儿子,爱德华三世(1313—1377)的孙子,操纵权力越来越专横,还处死了自己的叔叔伍德斯托克的托马斯(第一任格洛斯特公爵)。他成为一场暴动的目标,他对谗臣与腐败阁臣过度纵容,正如其专制统治对那些人施以重压。理查二世奔赴爱尔兰镇压起义,留在英格兰的是对其不满的人,以及黑太子的兄弟冈特的约翰的儿子,堂兄亨利·博林布鲁克,后者是被掠夺财产的受害人。暴动起初的目的只是恢复亨利·博林布鲁克的合法权利,但是国王选择回来镇压叛乱,他很快被其所有追随者抛弃,被交付博林布鲁克并押赴伦敦,最终被迫逊位,而博林布鲁克在1399年登上王位,号称亨利四世。理查二世很快死于囚禁期间,也许是被暗杀。

整个戏剧围绕瓦解展开,我们也可称之为剥夺——这里涉及的是词汇的精神意义,自身的失败,国王,人,一个人类的存在所"固有"的东西的毁灭——对于理查二世;一种下降,不仅是降至没有身份的我,同样也是降至失去自我的一个状态。准确来说,这并非道德上的衰落,而是本体论上的衰落,这个道德衰落的极致点在莎士比亚悲剧的开篇就实现了:我们很清楚,事实上国王年轻时展现的很多有利的许诺,很多才能与美德,已然被逢迎与自尊心腐败;他的统治陷入了专制,对于其臣民与王国财富的贪婪之中;他本人被严重怀疑暗杀了叔叔格洛斯特公爵,尽管他不承认此项行为。

然后这里的悲剧涉及的并非好与坏的斗争——在这里,好与坏的界限并不明确;更恰当地说,这是一部关于怀疑,不确定性,暧昧不清的悲剧,篡位者亨利四世新生的暴政只是被废黜的国王暴政的后果,渗入的是对于什么是一位"国王","王国",国王本人,其出生、血统、声望、意愿以及面对自己的王国的个人立场(支持或是背弃)的怀疑。在此情况下,重要的并非国王的才能或美德,亦非履行国王职能的力量或能力,而是对于什么是国王,以及对国王的"王国"的怀疑与不确定——不是一个职务,而是一个存在。

康托洛维茨在其对于这出戏剧的三个主要场次(第三幕

的第二与第三场以及第四幕的第一场)的分析中极佳地评论了这点,尽管我们不会每次都参照它,但是我们总是以这个分析为理论支持:康托洛维茨将这些场景阐释为国王二体悲剧的渐进式发展与此积极且辩护性的画面合成的逐步瓦解。①

戏剧的开篇是博林布鲁克与诺丁汉伯爵莫布雷的争论,在场的有理查与博林布鲁克的父亲冈特的约翰:博林布鲁克宣称其行为并非出于由来已久的积怨,②而是"如优秀臣民一般诚实",③他指控莫布雷叛国。事实上,他向其"优雅的君王"说了很多忠诚的话,以"臣民爱的虔诚"。④ 博林布鲁克指控莫布雷策划了他叔叔,也就是冈特的约翰的弟弟,格洛斯特公爵的死亡,同时他将公爵的生命比作亚伯的牺牲,两者都要求公正。⑤

---

① 康托洛维茨,《国王的两个身体》,前揭,第35—50页。
② 我们参照英文原文以及让-米歇尔·德普拉(Jean-Michel Déprats)的法译本:莎士比亚,《国王理查二世的悲剧》,Paris, Gallimard, coll. « Folio théâtres », 1998。我们也参考了安德烈·马考维茨(André Markowicz)的押韵翻译:莎士比亚,《国王理查二世的生与死》,Besançon, Les Solitaires intempestifs, 2003。最后,我们还参考了勒图尔纳(Le Tourneur)的旧翻译,因为他的翻译可以让我们理解一个18世纪的人对于许多关于政治或社会的体制和事实词汇的理解,以及他诠释英文悲剧中情感表达的方式;也见《莎士比亚译本》(*Shakespeare traduit de l'anglois*),由勒图尔纳译,Paris, 1776,《理查二世》,卷8, Paris, 1780。
③ 《理查二世》,第一幕,第一场,第10行。
④ 同上,第21和31行。"虔诚"的概念是重要的:拉丁语的原意是 devovere, devotus;见本书第2章。
⑤ 同上,第100行。

然而这个指控有双层意义,而从首个场景开始,我们就陷入不明朗的情境之中:我们知道,并且整部戏剧都将阐明,理查才是暗杀格洛斯特的真正罪魁祸首,因其是唆使者;然而鉴于其享有不受制裁的权利,他无法被指控。一个假象证明,在这首个场景中,皇家构筑——国王的神秘主义或精神性享有一切特性,同时强加了一个比历史或现实更为强烈的真实——并没有被撼动,据此,于是产生了一个罪恶从国王向莫布雷的不容置疑的转移。然而圣经的暗示,通过不断重复原罪与亚伯最初被杀害,使我们看到了另一个结构,另一个故事,这导致了一个缺陷的出现。神圣的合法性("豪华"画面合成的依据)有可能会战胜皇室的合法性同时提出公正与惩罚的绝对性。博林布鲁克极其优美的诗句,表面上是针对莫布雷,然而由于暗示了亚伯,旨在使构造与人类的(甚至是"皇家的")"幻想"变得脆弱:

> 这个生命,如牺牲的亚伯一般,叫嚷着
> 从大地无声的空洞深处,
> 向我要求公正与严厉的惩罚。①

---

① 《理查二世》,第一幕,第一场,第104—106行。

国王的有罪在约翰的冈特,博林布鲁克的父亲同时也是被暗杀的格洛斯特公爵的兄弟的眼中是确实无疑的。在第一幕的第二场中,约翰的冈特就向格洛斯特的孀妻表示了他对于这个罪恶的肯定,他无力报仇,只能通过一段同样冗长的对于理查的威胁,向上天祈祷:

> 啊,我身上流淌着格洛斯特的血液
> 促使我,不顾您的抗议
> 对抗杀害他的刽子手行动;
> 但是惩罚仍在造成错误人的手中,
> 我们无力惩罚犯罪之人,
> 将我们的争吵交给上帝的意愿;
> 当他看到时机成熟时,
> 他将在有罪之人的头上降下炙热的复仇。①

如果说复仇回到上帝手中,那是因为"上帝的代理人"自己犯了罪。② 鉴于惩罚的不可能性,王权的定义被揭示出来:理查,在戏剧的这个开端,拥有国王存在的全部,任何的犯罪

---

① 《理查二世》,第一幕,第二场,第1—8行。
② 同上,第37行。

似乎都无法损害其王权。

在这种情况之下,正是作为国王,带着国王的属性与权威,王权拥有神圣的力量且其血液也被称为"神圣的",理查才肯定,在他面前的博林布鲁克与莫布雷一样,都是其"臣民"。这个"神圣"的概念,在第一幕的第二场中,被格洛斯特公爵夫人,被杀害的公爵的孀妻所重新提及,用于引出"爱德华神圣的血液"。① 王权以出身的形式出现,以"血液"的方式转移,公爵夫人向冈特的约翰肯定道,后者的兄弟,的确是死于暗杀,但同样也是一位父亲的再一次死亡:暗杀一位儿子,这是以某种方式溅撒父亲的血液,儿子们是其"生命的形象"。

公爵夫人的整个宣言旨在阐释王室的家谱与血统:

> 通过他,你被杀害;你同意了
> 在很大程度上来说,你父亲的死亡
> 眼睁睁地看着你不幸的兄弟死亡

---

① 《理查二世》,第一幕,第一场,第 118 行:"威严"(awe)。勒图尔纳翻译得过于弱势,"权力"(pouvoir),让-米歇尔·德普拉翻译成"恐怖"(terreur),安德烈·马考茨翻译为"恐惧"(effroi);这就涉及到"恐惧"(tremendum)的层次,鲁道夫·奥托(Rudolf Otto)之前将这些词汇都运用到了"神圣"中(鲁道夫·奥托,《神圣:神的观念中非理性因素和它与理性的关系》[Le Sacré. L'élément non rationel dans l'idée du divin et sa relation avec le rationel],法译,Paris, Payot, 1969);第一幕,第 119 行:"我们神圣的血";第 122 行:"我们的臣民";第二幕,第 17 行:"爱德华神圣的血"。

他正是你父亲活生生的形象。①

在第一幕的第三场,发生的是莫布雷与博林布鲁克之间格斗的准备工作,此二人都指控对方叛国。但是,当鼓声响起,决斗即将开始之时,国王理查将其权杖扔在决斗场地上,停止了决斗:"停下,国王扔下了权杖。"②这个权杖(warder),是主持比武之人所持有的统治之杖。让我们留意下这段诗文与结尾的用词——"down"。理查的行为相当有象征意义:国王扔下了(down)其权力的标志;正是他自己扔下的,这是一个灭亡的开始,"down",是他自己一点点地将自身引向自愿的剥夺自我;同样在此行为之中被粉碎的还有王室的权力。在其剧作《亨利四世》中,莎士比亚通过莫布雷的儿子的话清晰地表明了——后者很遗憾其父亲被剥夺了一样可能的胜利——这是理查失败的开始:"没什么能够保证博林布鲁克先生不受我父亲长矛的伤害,而国王将其统治权杖扔在了地上;啊!这一下,他也抛出了与之紧密相连的生命;他迷失了自我,同样失去了那些遭受博林布鲁克指控或暴力与压迫之人。"③

---

① 《理查二世》,第一幕,第一场,第25—28行。
② 同上,第一幕,第三场,第118行。
③ 《亨利四世》,第二部分,第四幕,第一场,勒图尔纳,第9卷,第389—390页。

国王的决定,是基于避免流血与保卫和平的想法,事实上是挽救同谋,避免他胜利或被杀死,两个同样危险的结局,将其驱离以致最终将其放逐,表现得对于博林布鲁克更为宽宏大量。① 从而,表面看来,国王的"意愿"仍然被认为是神圣的意愿,因为博林布鲁克用父亲(Pater)的话来回答,似乎理查就是上帝:"就按您的意愿办(Your will be done)。"②

这一场以莫布雷庄严的誓言告终:

> 不,博林布鲁克,如果我曾是叛徒,
> 那么我的名字将从生命之书上被划去,

在这誓言之上,莫布雷还加了一个威胁:

> 但是你是怎样的人,上帝,你与我都很清楚,
> 而很快,我担心,国王就会后悔。③

---

① 《理查二世》,第一幕,第三场,第126行:"为使我的国土不致沾染上它所培养的宝贵血液。"
② 同上,第144行。
③ 同上,第200—201行(化用《出埃及记》中摩西的典故,XXXII,32),以及第203—204行。

至于理查对于博林布鲁克的宽容,他将流放从10年减为6年,这仍是暧昧不清的信号。正如博林布鲁克所说的,国王可以"用一句话"压缩了4年的流放期,他吹口气就行,因为"这是国王的气息";但是对于即将熄灭年老的冈特的约翰的气息的死亡,宽厚与"气息"丝毫无用:"但是死亡,你的整个王国都无法买回我的气息,"后者叹息道。①

此外,理查二世的未来自第二幕的开头就被年老的冈特的约翰所"预言",博林布鲁克的父亲宣告了丑闻,以及英国的衰败:"现在这个国家是被租来的。"②在与国王的口头争辩中,冈特在其名字上玩文字游戏("gaunt":瘦骨嶙峋的),嘲笑自己的名字并对理查说:"死的人是你,尽管我病得最严重。我看你病得相当严重。在你身上我看到了疾病。"③而后者对于从一位垂死之人的口中说出的惊人话语一笑置之。

冈特的约翰的这些临终话语表露了一个信念,即快死的不是他,而是国王。冈特揭发爱德华三世的孙子摧毁了爱德华的其他儿子们:格洛斯特公爵被暗杀,而冈特的约翰自己将要死去,却不能再见一眼他的儿子,仍然流放在外的博林布鲁

---

① 《理查二世》,第一幕,第三场,第214和231行。
② 同上,第二幕,第一场,第31和59行。"另一个伊甸园","半个天堂",所有这些对英格兰的长篇赞词,读起来几乎都是在反衬王国的堕落。
③ 同上,第91和94行。

克。在冈特的话中,"拥有"与"废黜"彼此衔接在一组诗文之中:理查拥有王国却将其视为财产"出租",以便从中获得利益,他不再是国王(not king),他被废黜自己的狂热所"掌控"——指的是魔鬼附身的掌控或癫狂:如果你的祖父爱德华,冈特的约翰继续说道,

> 看到他的孙子是如何摧毁他的儿子们,
> 他会将你的耻辱置于你的国家之外,
> 在你拥有之前就废黜你,
> 因你被废黜自我的狂热所掌控。①

从而,他以垂死之人的庄严的诅咒,谴责了罢黜自己、剥夺自己的王国与"国王身份"的狂热。利用王国作为自己收入来源,被触及的是其"国王身份",在法律面前,该法律的守护者才是情有可原的。在理查所开始的漫长的下降(down)过程中,第一个阶段便是王国功利主义的转变,国王降级为"领主"(landlord)的耻辱——自愿降级。

这里,我们要强调的是在这场冲突之中,涉及到的不仅有国王的道德错误,还有对于对手犯下的罪恶。斗争的中心是

---

① 《理查二世》,第二幕,第一场,第 113 行和 105—108 行。

使国王成为"国王"的,而此斗争将导致此存在的瓦解,一种同样是朝向耶稣受难(Calvaire)和牺牲的剥夺;似乎,一点点失去国王的一切,剥离其存在(不仅是作为国王的存在还有人的存在),有罪的理查能够达到祭品的且几乎是基督教的某种非存在,同时赎回(暂时且无用地)其过错——因为在亨利四世身上,历史会再现——通过抹去属于他的一切,这种抹杀行为不仅不能赎罪,反而是另一个过错。

在第二幕的第一场中,另一件罪恶得到揭示,对于皇家血统的过错:泼洒,或让人泼洒了,格洛斯特的皇室血液,爱德华三世的儿子,同样威胁冈特的约翰的皇室血液,爱德华三世的另一个儿子,这就引入了一种内在的斗争,内在的仇恨,在皇室血液中,其与自身相抗争,同时从内部毁灭了已然成为自身敌人的皇家系谱。冈特的约翰这里提及的鹈鹕形象①,拥有双重意义:作为爱德华三世的儿子,理查二世倾洒的是其自身的皇室血液;但是"鹈鹕"的形象,除了影射醉心孤独与哀鸣的动物之外②,暗示了——尽管很难觉察——基督教中的献祭,即耶稣—基督的形象,用自己的肉喂养孩子的鹈鹕是传统形象③。

---

① 《理查二世》,第二幕,第一场,第 126 行。
② 《圣经·诗篇》102:7:"我如同旷野的鹈鹕,我好像荒场的鸮鸟。"在观众的记忆里,整个诗句只浮现了鹈鹕。博须埃说到鹈鹕,其叫声只是一种呻吟(《论诗篇》[Liber Psalmorum],Lyon,1691,第 321 页)。
③ 我们知道,鹈鹕是耶稣的形象;见居伊·德·泰尔弗朗(**转下页注**)

理查的不公正是事实,这种不公正通过他人又转向其自身,这正是约克,国王的另一位叔叔,同时也是爱德华三世的最后一位儿子在第二幕的第一场中所展示的:剥夺博林布鲁克的权利对于国王来说就是"不再成为他自己",因为这违背了血统与继承,破坏了地位的秩序,后者奠定了家谱与血统的基础,使国王成其为国王。这对于国王而言,就是废除批准遗产的"诏书",拒绝可以从附庸国追溯到封建君主,且确立"荣誉与效忠"秩序的"臣从宣誓"。①

在这种情况下,我们看到,正是在王国自身内部,在确立"国王"的秩序之中,不公正引入了混乱。在悲剧的这一刻,已然开始的皇家存在的解体,由于国王本身及其行为,从而在外部被(冈特与约克)揭露。诺森伯兰伯爵称理查是"彻底堕落的国王"(most degenerate king)②,包含了他所有的意思。同

(接上页注)(Guy de Tervarent),《世俗艺术中的标志和象征》(*Attributs et symboles dans l'art profane*),第二版,Genève, Droz, 1997,第 354—356 页。参见但丁,《神曲·天堂》,XXV,112。如果传统形象是耶稣和仁慈的形象,在冈特的约翰的话中,这种反转的形象对自己本身是残酷的形象,而不是转向对他人的祝福。我们看到勒图尔纳(前揭,卷 8,第 51 页)删除了这个形象,它可能被认为在 18 世纪中过于"巴洛克"或不可理解。

① 《理查二世》,第二幕,第一场,第 198—199 行;第 202 行:"诏书";第 204 行:"宣誓";第 208 行:"荣耀与效忠"。

② 同上,第 262 行,"堕落/退化"(degenerate)一词应该从词源学上理解。

时我们可以理解诺森伯兰伯爵所想说的,当他宣告博林布鲁克及其同谋登陆之时:他们将"拭去遮蔽在我们的权杖的黄金之上的尘埃/同时恢复王室威严。"①

---

① 《理查二世》,第二幕,第一场,第294—295行。

国王归来

在第三幕中,两个重要的场景(首先是第三幕的第二场)表现了理查二世"国王身份"瓦解的两个新阶段。理查这个有些人认为已经死了的人①,却从爱尔兰回来了。场景发生在威尔士海岸。一开始,理查用"大地"来肯定他的联盟,一个神秘的联盟,其土地本身都生机勃勃,富有情感且以某种温情与国王结合。② 这里涉及的是对"自然"性的确认——指的是:源于自然法则而非仅由选举而来——在国王与其国家的联系中。然而,卡莱尔主教通过区别上帝的"意愿"(即自然秩序)与人的"意愿",更改了视角:"而我们不该蔑弃"

---

① 《理查二世》,第二幕,第四场,第7行与第17行。
② 同上,第三幕,第二场,第24行。"大地"一词在第4行与26行之间重复了4次。

(and we will not)。① 这个决定性的更改(它出自主教托马斯·默克斯[Thomas Merkes],唯一对理查二世忠贞到底的,这使其更具关键性意义)使国王的"意愿"成为历史工具而非其本性。

然而,理查,作为上帝的"代理人",在第一幕的第二场中,通过一幅富于比喻且诗情画意的长篇画卷,发展了"太阳"王的概念,后者只要一出现,只需出现在东方,便可以消除黑夜、谋杀与背叛。② 国王,作为上帝的"选民",接受了任何东西都无法拭去的圣油。我们应当仔细阅读理查的宣言,国王回顾了皇家特权。

> 波涛汹涌的海水
> 也无法洗去国王额头的圣油;
> 人类的气息无法废黜
> 上帝选定的代理人。③

---

① 《理查二世》,第三幕,第二场,第31行。

② 同上,第三幕,第二场,第36行以下;"东方的"(eastern),第42行,"东方"(the east),第50行。关于太阳,见康托洛维茨,《国王的两个身体》,前揭,第42页,它参照了徽章、奖章,以及"奥古斯都的东方"(Oriens Augusti)的碑文。

③ 《理查二世》,第三幕,第二场,第54—57行。

对于上帝而言,国王就是"儿子"理查,而对于"儿子理查"而言,上帝将召集天使团来保卫他,他"征募/一位光荣的天使。而如果天使们投入战斗,/脆弱的人类必会失败,因为上天永远保护正义"①。显然,这里影射了耶稣基督在一位门徒拔剑保卫他时所说的话②。然而,理查的这个揭幕式的宣言将其国王身份扎根于圣油及神圣选举之上,这至少招致了两个指责,因为正是在这些同样宣告王国不可亵渎的话语之中,渗入了第一个缺陷。第一个指责关系到对于《圣经》的影射:通过其话语,理查将其自身置于基督徒的位置,他将自己与基督同化(涂过圣油),而王国似乎获得了一股不可战胜的力量。但是与基督同化——这里,在第二十六段对马太的影射中,向受难的耶稣的同化——使我们隐约看到,在可见的荣耀之下,献祭,堕落,嘲讽,《马太福音》中的"犹太人的基督国王"③。

第二个指责是在历史层面,关系到加冕礼的敷圣油。马克·布洛赫让我们回忆了一些意味深长的特色:当兰开斯特公爵博林布鲁克通过篡位成为亨利四世,在1399年10月13日敷圣油时,他用的是从前圣母玛利亚奇迹般地托付给托马斯·贝克特(Thomas Becket)的且经历了万千波折而保存着

---

① 《理查二世》,第三幕,第二场,第60—62行。
② 参见《马太福音》26:53。
③ 《马太福音》27:37。

的油;而这个敷圣油可以圣化,从而抵消国王的不合法性①。然而,坊间流传着一个传说,即亨利四世的父亲,冈特的约翰,在其父亲爱德华三世在位期间,发现了圣油瓶,并将其交给了爱德华三世的长子,即其兄长黑太子,以便他能被圣化。但是黑太子在加冕之前便死了,他的儿子,理查二世,在其登基之前未曾找到油瓶,他的表弟兼对手博林布鲁克偷了油瓶。从而理查二世未曾用托马斯·贝克特的油敷。我们可以清晰地看到这个传说的政治意图。但是这里重要的是,理查二世宣称自己是上帝的"敷过圣油之人"②,但他可能并未受敷圣油。从而国王宣称的合法性就有了疑问,而这正是在要求荣誉与皇室特权的时刻。可以说,从一开始,理查的国王身份,就从内部被侵蚀了。

坏消息接踵而至,王国的光辉形象继续产生裂缝。事实上,涉及的确是形象,正是在这张脸上被刻画着苍白与死亡。对此,理查的表弟奥墨儿公爵(Aumerle)的回答是:"拿出勇

---

① 马克·布洛赫,《魔术师国王》(*Les Rois thaumaturges*,1923),Paris,A. Colin,1961,第 241—242 页;再版,Paris,Gallimard,1983。

② 《理查二世》,第三幕,第二场,第 55 行:"被敷圣油的国王"(an anointed king)。

气来,我的君王。想想您是谁。""您是谁"这样的词语表明,流出的血,就是"国王身份",不仅仅是一个身份,同时也是本质。① 这就解释了当奥墨儿向其要求想想自己是"谁"时,理查的话:"我忘记了。难道我不是国王吗?"我忘记了我自己,而这个"我自己"的定义(然而这是一个疑问形式的定义,怀疑的信号,加重了自我的遗忘,就在他试图修复的那一刻),就是"国王":"难道我不是国王吗?"不是一位或这位国王。这里的"国王"拥有专有名词的意义;正如理查不久将说的那样:"武装你自己,武装你自己,我的名字!"但是如果国王身份只是一个名字,如果他必须从睡梦中醒来才能被以"名字"称呼,那么这就是属于我的(my),只是失去行动力量的名字。②

理查将"担忧"(care)③的消失与"俗世的损失"相对立,同时吸收了某种斯多葛主义,认为"最坏的,就是死亡",而死亡,作为必然之事,并非真正意义上的坏事。从而失去王国并非失去"国王身份",在斯多葛主义的意义上来说,甚至是在最终的损失之中,一个人仍然是国王:带着"斯多葛主义"的态度,

---

① 《理查二世》,第三幕,第二场,第77行,79行,82行。注意第78行关于逃走士兵流出的血和从理查脸上流出的血的多义。
② 同上,第84—86行。
③ 同上,第94行:"人世间的损失"(wordly loss),包含着一种"世界"与"上帝"之间对立的宗教意义。

他可能会思考什么是一个人,然而"国王"与"人"之间的区别似乎消失了。

后面事情变得明确,当得知巴格特(Bagot)、布希(Bushy)以及格林(Greene)的背叛时,理查称呼这三个叛徒:"三个犹大,每个人都比犹大坏三倍!"①同时诅咒他们下地狱。这个诅咒并非无关紧要:通过犹大的比喻,我们看到渐渐勾勒出的——现在还只是影射——真正的"国王身份"的形象:敷过圣油,上帝的"代理人",也就是"基督";但是,如果这个称号需要尊严,它同样也需要牺牲、死亡与可耻。而我们也无法不想起圣保罗的《腓立比书》:"他,以上帝的形象出现,没有留住与上帝相匹配的身份,但是他以奴隶的形象,消灭了自我,变得与人相似。因其面目被视为一个人,他更加侮辱自身。"②背叛、叛徒与犹大的比较将导致国王,敷过圣油的基督,变成一个"人",而他曾拥有"上帝的面貌",这是基督教变化以及对俗世上帝的"羞辱"的开始。

可以说,第三幕第二场着手描绘的是理查二世的受难。理查的一大段长篇独白进一步证实了这一点:"让我们谈谈坟墓,蛆虫与墓志铭[……]。"③这段冗长的独白涉及的是最接

---

① 《理查二世》,第三幕,第二场,第132行。
② 《腓立比书》2:6—7。
③ 《理查二世》,第三幕,第二场,第144—177行;第145行。

近肉体意义上的死亡。"国王",国王身份,变成被蛆虫所蹂躏的人的躯体,"贫瘠之地的这尊小雕像"。①

以一种阴森的群体传记学的方式,理查提及了历史上的国王们,不是以其丰功伟绩的形式,而是死亡:

> 让我们说说国王们死亡的悲惨故事:
> 有些被废黜,有些战死沙场,
> 有些被其所废黜的幽灵所纠缠,
> 有些被自己的妻子毒死,还有些在睡梦中被杀死,
> 全都是被谋杀的[……]。②

而在这个死神舞中,正是首字母大写的死亡占据着首要位置。我们想到死神舞,同样会想到《奥德赛》第11章中的招魂术(Nekuia),《埃涅阿斯纪》中埃涅阿斯下到地狱,以及后来的费奈隆的《忒勒马科斯历险记》(*Télémaque*)中的主人翁;但是我们同样会想到莎士比亚应当读过的但丁。理查宣读的诗

---

① 《理查二世》,第三幕,第二场,第153行。
② 同上,第156—160行。我们也可以看到对特洛伊战争英雄们的回归的影射,特别是影射阿伽门农之死。也可以想到《哈姆莱特》中被普利拉斯杀死的皮拉姆,第二幕,第二场,根据维吉尔的《埃涅阿斯纪》,II,第469—558行。

句表明了其国王身份瓦解以及将国王上升为神圣的基督形象过程中的一个阶段。国王成为人,同时不再被称为国王:

> 跟你们一样,我依赖面包生存,我感受到不足,
> 我体会到痛苦且需要朋友。如此地听命,
> 你们如何能对我说我是一位国王?[①]

康托洛维茨注意到了这些诗句的重要性,其中我们可以读到"国王永远不死"[②]这一重大原则被推翻。相反,在这里,根据理查二世,国王不停地死去;一旦他成为国王,死亡使其了解国王的真相,而其他所有人都"误解了"(mistook)这个真相。于是,"永别了,国王!"(Farewell king!)[③]。

在第三幕的第二场的结尾,理查退入"黑夜"之中,让位于"博林布鲁克的白昼"[④]。

后面的一场,即第三幕的第三场,标志着理查国王身份瓦解的一个新阶段。自其叔叔约克公爵的第一次介入,王权便被抹去。约克指责诺森波兰公爵称呼"理查"而不是"国王理查",并

---

① 《理查二世》,同上,第175—177行。
② 康托洛维茨,《国王的两个身体》,前揭,第40页。
③ 《理查二世》,同上,第170行。
④ 同上,第218行:"从理查的黑夜踏进博林布鲁克的光明的白昼。"

且悲叹:"唉,可悲的日子,一位神圣的国王(a sacred king)竟要遮掩其面容。"①尽管诺森波兰公爵为这一由于匆忙的缘故使用的简称道歉,但这个词语体现的王权的消失是最具意义的。然而,当理查出现于城堡高墙之上,博林布鲁克依照皇家隐喻描述他。理查永远有王权的"外表",他就像太阳(皇家象征),他出现于东方并注视着注定要玷污"其光辉"的云彩。我们要强调的是约克的话:"他总是一副国王的神态",他的眼睛永远闪烁光彩,他全身散发着一种专横的威严。只是,我们看到的并非国王本人,而是国王的外表,约克将之形容为"一幅如此美妙的画面"。

此外,理查一直饰演着国王的角色:他要求诺森波兰公爵跪在他面前,"自认为"是"合法的国王"②;他提醒道没有什么可以将其解职,因为唯有上帝能够这么做,同时他重复了他的信念,即上帝会从天上降下"瘟疫部队"作为其援助,并打击新生的婴孩,而这明显是对《出埃及记》中不幸之事的影射。③然而,在获悉博林布鲁克打算收回其财产且撤销其流放时,理查接受了这些要求,却对于他所表现出的宽容没有丝毫的幻

---

① 《理查二世》,同上,第三幕,第三场,第8和9行。
② 同上,分别是第62行,68行,71行,74行。我们在前面已经说了关于东方的太阳和皇家的双重意义。我们想到了《圣经·诗篇》第18章中具有救世主降临意义的片段:"他将他的帐篷放在太阳下;他一个巨人,像一个从卧室里走出来的丈夫一样,大叫着奔向他的前程。"
③ 《出埃及记》9:15:"我伸手用瘟疫攻击你和你的百姓。"

想,并犹豫着要抛出美好亲切的话语还是藐视叛徒且死去。理查失去了其权威,唯一剩下的只有"名字";他的"存在"已经是过去时,而他也无法想起他现在所应当做的:

> 噢,如果我不是如此崇高,
> 我的忧伤,或许会比我的名字少些!
> 或者我可以忘记曾经的我!
> 或者不再记得现在我所应当做的!①

于是接下来是一段令人赞叹的深思熟虑和内心的冲突,出现的是国王的存在、象征直至国王本名的失去。这段深思熟虑都是通过第三人称说出的,这是对于他已不再是的"国王"所应当做的内心距离的信号:

> 他应当失去国王的名字吗?上帝给了他这个名字并抛弃了他。
> 我用我的珍宝来交换一串念珠;
> 用我奢华的宫殿交换一处僻静的住所。②

---

① 《理查二世》,第三幕,第三场,第136—139行。
② 同上,第145—148行。

国王将自己描述成托钵修会修士、朝圣者,而王权所有的特性都被转化为微不足道的东西,王国成为"一个小小的坟墓,/一个小小的,小坟墓,一个阴暗的坟墓"。在这向无耻深渊滑落的过程中,他,国王,被藐视,他的坟墓被践踏,因瓦解而眩晕,陷入某种疯狂之中:"我看到/我发疯般地喋喋不休,而你们则嘲笑我。"当理查恳求"国王博林布鲁克"时,新的屈从使得皇室修辞陷入嘲讽的话语之中:

博林布鲁克国王陛下说了什么?
陛下会让理查一直活到理查死去吗?①

"屈从"象征着理查"滑落"②到卑微的身份,正如从天上下来的太阳神(Soleil)与法厄同(Phaéton)。国王走下王位,带着某种失去的兴奋,而用圣保罗的话来说,带着"虚弱"(exinanition):"到下面来? 下来! 国王,下来!"舞台表演信息强调的就是:"他们走下来。"

由庄严的演说——博林布鲁克仍称理查二世为"陛下"——滑落至疯狂的演说;他走了下来,因历史的现实与其

---

① 《理查二世》,第三幕,第三场,第 153—154 行,170—171 行以及 173—174 行。

② 同上,第 178 行:"down I come"。

真实的现状——从其无法抹煞的国王身份。自以为可以自我剥夺其国王身份,并认为可以通过一些话语、神态或是一个名字来支持,理查发表了一段"荒诞的"①演说。

在这一场的结尾,面对着博林布鲁克,理查夸张了其屈从,通过一系列关于父亲(他太年轻了不能作为其表弟的父亲)以及继承人(表弟年纪过大不能作为继承人)的词语游戏,以卖弄的方式屈服于武力:"您所想要的一切,我都会给您,而且非常乐意。"②

第四幕的第一场,在完全拒绝牺牲的情况下,理查的失势被表现得淋漓尽致,而一个新的国王"存在"正在诞生。这里,国王自愿的屈从,与剥离其一切固有的存在拥有了一切意义,宗教的或是神秘主义的。我们已经注意到,该场戏剧通过影射犹大,侧面勾勒出基督教牺牲的阐释,但是第三幕的第三场,通过强调国王的疯狂,从而引入了一个《旧约全书》(国王扫罗的疯狂)和《新约全书》共享的主题。③ 在理查进场之前,行为就完成了:约克公爵,理查二世与博林布鲁克二人共同的

---

① "悲哀和忧伤使他言语痴迷,像一个疯子一般。"诺森波兰公爵在理查的演说之后所言(第 184—185 行)。

② 同上,第 205 行。

③ 见贝尔纳·福尔托姆(Bernard Forthomme),《存在与疯狂》(*L'Être et la folie*),Louvain-Paris,Peeters,1997,以及《国王扫罗的疯狂》(*La folie du roi Saül*),Paris,Les Empêcheurs de penser en rond,2002. 以及圣保罗,《哥林多前书》4:10:"由于基督的缘故,我们是疯狂的(Nos stulti propter Chrisum)。"在这一书简中有许多对于疯狂的影射。

叔叔,事实上,代表了"脱发的"理查而来,将其权杖交予博林布鲁克。这里的话语,甚至是字词,都应当仔细推敲:

> 脱发的理查,真心同意
> 将你选定为继承人,同时将其君王的权杖
> 置于王储你的手中。
> 登上宝座,你现在是他的继任,
> 祝亨利四世永垂不朽!①

首先我们应当强调理查的"意愿"(with willing soul)。因为意愿还属于理查,同时通过这个自愿行为,完成了国王的消失:甚至是为了失去其意愿,一个自愿的行为也是必需的。国王在其倾覆的过程中只剩下了"意愿",不是做的意愿,而是拒绝消失的意愿,这个笃信的行为抹去了一切权力,甚至抹去了自身。然后,这个意愿是一个"选定"的行为,即此行为在家族血统中引入了一位"后代"。从而涉及了迫于地位等级而发生的某种改变:因意愿设立一位"国王"却不按照血统继承顺序;但是这个行为使得新国王真正成为前者的"后继之人"并且改了名:博林布鲁克成为亨利四世。

---

① 《理查二世》,第四幕,第一场,第108—112行。

这个行为产生的合法性更多的是出自于意愿而非自然继承，它被博林布鲁克所承认且接受，后者所使用的字眼应当斟酌："以上帝的名义，我将登上王位。"①这些词，"以上帝的名义"，引入的是权威及合法性的转移，或可以说，它们揭示了王权的真相，就在此权力行使只为了消除自己的那一刻：理查的名字，在第108行最后一次被提及，完成了消除自我的行为，让位于上帝之名（借助于神圣权力，自己作为血统起源并创立家谱）在其消失的那一刻，似乎这个消失揭示了国王存在的真相：当他设立一位国王且自我消失之时，他是上帝。

我们仍需知道的是国王是否可以合法地行使神圣的摆脱其"国王身份"的权力。主教卡莱尔（Carlisle），通过强调没有任何臣民可以评价国王且预言了英国的不幸，提醒了是谁创立了国王，并将责任人直推上帝。国王是"上帝威严的形象，/其上尉，总管，代理人，选定的代表（deputy, elect）/神圣的，加冕的，多年以来就被确立"②。

---

① 《理查二世》，第四幕，第一场，第113行。
② 同上，第125—127行。所有的词都要斟酌：至上（*majestas*）[神学词汇被法学家用在王权之中，见贝尔纳·桂尼（Bernard Guenée），《查理六世的疯狂，被人喜爱的国王》（*La Folie de Charles VI, Roi Bien-Aimé*），Paris, Perrin, 2004，第251—262页]的"形象"，上帝的"形象"具有基督和三位一体的含义；每一个词，加冕礼，戴冠礼，传承后代["planted"，影射金雀花王朝（Plantagenêts）]都是一种合法性和权力的典型。

博林布鲁克,为了迅速停止"怀疑",同意理查当着众人的面"逊位"。因而将要发生隆重的比照,但将理查类比为受难的基督的好多特征已然在卡莱尔的话语中被呈现,今后将被发展:我们已然看到将"国王存在"看作牺牲的基督的概念是如何逐步形成的。这位国王,表现出神圣威严的形象,正如基督一般,真正的形象,如基督一般"接受了圣油",如他一般头戴荆棘冠(couronne d'épines),诚然如金雀花的名字所暗示的那样,但也如基督一般,"被钉在"十字架的"树"上。而对于英国的诅咒,则成为"各个他与死者头颅的场所",因为在英国,叛徒确立了"家庭对抗家庭",这是对于基督教预言的明显影射:"如果一个王国被分裂以对抗自身,那么这个王国不会继续存在。"①从而两位国王之间对抗的盛大场景是发生在一种宗教的、基督教的氛围之中的。

---

① 《理查二世》,第四幕,第一场,第 144—145 行,影射《马可福音》3:24—25。

逊位场景

这个盛大的场景看似如圣事场景,但可以说是乱糟糟的,康托洛维茨已经见识过了:正如国王的加冕与授职礼是差不多的圣事①,正如这个场景颠倒了加冕仪式,摧毁了加冕仪式的"圣事"所建立的,国王的国王身份。

自一开始,理查就提及了那些从前对他高喊"向你致敬"的人,正如犹大对基督那样②,他将第三幕第二场的那些叛徒比作了犹大。然后他上演了某种礼拜仪式,其中只有他一人,同时是祭品、祭司与回答"阿门"的教士合唱团:

---

① 自从马克·布洛赫的名著《魔术师国王》(前揭)问世以来,在很长一段时间里,这种位阶飘忽不定。

② 《理查二世》,前揭,第169—171行,参见《马太福音》26:49:"请拉比安"(Ave rabbi)。

上帝救救国王吧！难道没人说"阿门"了吗？

难道我同时是祭司与教士？嗯，那么好，阿门。

愿上帝保佑国王，尽管已不是我，

也许在上帝心中，国王仍是我。

大家让我来此究竟是做什么样的祈祷？①

这里涉及的礼拜仪式，唯有主祭才拥有神圣权力，从而拥有此权力的乃是国王，但是正是国王的身份存在着不确定性。谁是国王？谁拥有打乱加冕圣事的秩序的权力，或者说谁拥有毒杀一位国王并自称国王的实质性权力？这是，正如约克所说的，一份"疲惫的"威严，但它仍应当行使其"职能"，心甘情愿地"辞去"其"职位"（指的是法律身份）及王位。② 但是博林布鲁克所坚持的查理应当执行的"意愿"强调了逊位这个"圣事"的使者的作用，一位使者的行动不应当受限制，并且，如基督一般，牺牲自己，因为他"愿意"③如此。

---

① 《理查二世》，前揭，第172—176行。我们可以看出具有礼拜式意义的"祈祷"(service)在这里有歧义：参见"时辰祈祷"(divine service)。

② 同上，第177—180行。

③ 同上，第189行："willing"。在《圣经·以赛亚书》中，上帝的侍者牺牲自己，因为他"愿意"："Oblatus est quia ipse voluit"（《以赛亚书》53：7）。

从而，通过一个赠与的仪式，理查交出了他的王位并且保留了"悲伤"与"忧虑"："我总是这一切的国王。"①这是在其心中保留一份不得转让的隐蔽的区域，即忧伤之域的尝试，是拯救私人的"国王身份"的最终尝试，也许很矛盾，同样也是为了找回斯多葛意义上的对于心灵宫殿或城堡的王权，对于自我痛苦的王权。

理查逐步剥离了使其成为国王的一切，王权的一切象征，颠倒了加冕仪式的秩序。在这一点上，他是"故意"这样做的："你看看我是怎样心甘情愿地放弃自我的。""自我"表明了正是他自己（唯一有权力如此之人）剥夺自身。他放弃了国王权杖、圣油、王冠、神圣"地位"以及誓言，等等②。从此他只是一位"被剥夺了王位的"（unkinged）③国王。

从而理查什么都没有了。人们对于他只有一个附加要求，即"一股脑说出错综复杂的荒唐事"，他自认为是疯子和有罪之人。④ 通过影射那些看着他的人，如彼拉多一般，推卸全部责任并将之交付十字架，基督教的形象变得越来越

---

① 《理查二世》，前揭，第192行。
② 同上，第202和208行。
③ 当博林布鲁克将在王权的光辉下满面春风时（sunshine），第219—220行。勒·图尔纳将"unkinged"翻译成"火"，"火王"，他是要追溯到"火"的词源"命运"（fatum）。
④ 同上，第228—229行。

明确:

> 尽管有些人,例如彼拉多,推卸全部责任,
> 显示出勉强算是怜悯的样子。正是你们,彼拉多们,
> 将我交付给我痛苦的十字架,
> 而水无法洗尽你们的罪恶。①

然而,被暴露于一群叛徒面前的国王——基督仍未实现其彻底的放弃与卑劣:疯子,凶手,牺牲者。在后面的诗文中有更高层次的堕落,其中我们可以再次看到对于《致斐理伯人书》(2:7)的回应,这是我们之前引用过的且秘密地掌控着莎士比亚的整部戏剧:"他以奴隶的形式,毁灭了自我。"

堕落至极,正好在其自我身上国王发现了背叛及毁灭自我国王身份的同谋,其"意愿"本身就是这个国王身份的叛徒:"我说什么,如果我回头看看我自己,/在我身上我看到了一个叛徒,如其他人一样。"因为理查"同意剥去浮夸的国王躯体":这个国王的躯体被使其成为国王之人所"发现",从而留下的只是一个"人"的躯体,而理查也将其"最高权力"转化为"奴

---

① 《理查二世》,前揭,第 238—241 行。

隶",正如他通过对于《致斐理伯人书》(2:7)中基督的隐射所说的那样,拥有"上帝外表"之人,披上了"奴隶的外衣"①。

放弃了一切,唯一留给理查的只是国王的"名字",而从某种唯命论的角度来说,"名字"可以代替权力及权力的行使,他不再拥有名字:"我没有名字,没有称号;/不,甚至连教名都没有了,/谁没有被篡位过。"②这里可能有对于传言的影射,即理查不是黑太子的儿子,傅华萨(Froissart)也回应了这个传言,我们回头会研究这个传言,同时也有对于《致斐理伯人书》第2章的影射,基督在遭受"侮辱"之后,从上帝那里,得到了一个新名字,高于一切的名字(nomen quod est super omne nomen,《致斐理伯人书》2:9)。

如同可笑的"雪做的国王"在太阳光下融化并失去了其存在一般,理查的国王存在在博林布鲁克面前也是如此,后者从此闪耀王权的光芒③。于是,通过一出特别的舞台演出,理查要求一面镜子以便注视沉思自我,以便从近处看看失权和王权的"破产",他还用一张脸,一个形象,似乎形象可以残存于存在;真正的"降临到地狱",如同基督死后来到地府④。然而

---

① 《理查二世》,前揭,第246—247行。
② 同上,第254—256行。
③ 同上,第259—261行。
④ 同上,第269行。

镜子无法拯救理查原本的人的形象：失去了国王存在，他只剩下一个人的形象，正如其他人一样，似乎王国只是拥有国王身份之人的对立面，不可见，且是信仰的目标。从而，一张脸在博林布鲁克面前丢了面子，传送的只是一个人的形象：脆弱的荣耀闪耀在这张同样脆弱的脸上，而以一个最终的动作，理查打碎了镜子，从而消除了拥有一个形象的一切可能性。与镜子相关联的，被打碎的是"脸"。甚至国王存在表象的投映也消失了——在此表象的构成部分都崩塌之后，在名字崩塌之后。我们处于"摧毁"国王这个独特圣事的结尾处。正如博林布鲁克所说的，甚至是"脸的阴影"都被摧毁了："您痛苦的阴影摧毁了/您面容的阴影。"

外在的一切都没了，唯有内在的、寂静的、不可见的忧伤①；国王，作为近代忧郁的形象，变成纯粹的人，臣民，托钵修会修士，他唯一向博林布鲁克要求的恩惠便是离去；但是在理查由其卫队护卫离开的行进队列之中，最后一次宣言不仅揭露了护卫他的这些"骗子"（词语游戏"convey"，"conveyers"），同时将整幅场景定义为"一位合法国王的倒台"，这是在其自身令人无法想象的行为中，对于王权"真相"的肯定。②

---

① 《理查二世》，前揭，第291—292行；第294行。
② 同上，第317行。

莎士比亚戏剧的结尾——在第五幕中理查与王后的相遇以及在暗杀那一刻监狱中的场景——显示出当他被剥离了王权之后,剩下的只是一个普通人,这是某种悖论或矛盾修辞法:王权如何能在其倒台之后继续存在?王后试图揭示这个悖论的真相:理查是"古代特洛伊树立的典范/荣誉本身的形象,国王理查倒台了/从此不再有国王理查!"①但是,与这个破产相类似的,理查不再有当国王的意愿,甚至如狮子一般,不再想当"万兽之王"。说到他自己,他甚至说"我死了",用过去将来时来说自己,如同我们在壁炉边讲述的一个可怜的故事,关于"一位合法国王的废黜"②的故事。一旦王后离去,理查独自等待死亡,只能虚构出一些想法,一些词汇。甚至词汇都是自相矛盾的,而这样的怀疑也让人联想起圣经诗文中的自相矛盾③。唯一剩下的便是虚幻的想象,使得出现了现在的国王,托钵会修士,让我们回顾了国王的过去及其被废黜;然后,他什么都不是,这个被重复两次的"什么"正是虚幻的唯一真相:

但是尽管我能够存在,

---

① 《理查二世》,第五幕,第一场,第 11—13 行。
② 同上,第 36 行,44 行,50 行。
③ 《理查二世》,第五幕,第五场,第 11—17 行。

> 无论是我,还是任何人,都只是一个人,
> 不会对任何满意直至他被解放
> 成为什么都不是。①

在第五幕的最后,被杀害的理查可以说其灵魂与肉体分离。不再是国王与人的躯体,而是人的,所有人的灵魂与躯体,做双重运动,即灵魂的"上升"与粗俗的肉体而不再是躯体的"下降":

> 上升,上升,我的灵魂。上面是你的住所
> 只要在这里我粗俗的肉体消散并死去。②

---

① 《理查二世》,第五幕,第五场,第 38—41 行。"让小孩子们到我这里来"相悖于"让骆驼穿过针眼比财主进入神的国还容易"(《马太福音》19:14,24;《马可福音》10:14,25;《路加福音》18:16,25)。

② 同上,第 111—112 行。

从莎士比亚到费奈隆

将莎士比亚的戏剧《理查二世》阐释为神秘主义,甚至是基督教的放弃,与国王本身存在的自愿与牺牲性的失去的演出,可能并不矫揉造作,如同我们已经做的。

当然,费奈隆并不认识莎士比亚,后者的戏剧都尚未被译成法文,但是勃艮第公爵的教师的一个文本是关于国王理查二世的逊位。这就是《死者对话录》的第五十五篇,"威尔士王子和理查之子"(Le prince de Galles et Richard son fils)①——威尔士王子,指的是黑太子,爱德华三世的儿子,而理查之子,则指理查二世。在对话中,儿子发现其父亲身处地狱之中。费奈隆详细地叙述了理查二世倒台的步骤:耻辱,堕落,死亡,

---

① 费奈隆,《作品集》,前揭,卷1,第439—442页。

即失去荣誉、地位(莎士比亚用的是"state")与生命①;而费奈隆所展现的人物更多地将这些事件归咎于"整个英国"的阴谋,而非一个叛徒的行为。这段对话的读者被置于罪恶感的视野之中:对于理查失去的行为,应当有一个凶手。理查的第一反应就是将这个罪责归咎于其父亲或者说至少是自称为其父亲的人身上:"都怪我的父亲!他们说您不是我的父亲,而我是波尔多一位议事司铎的儿子。"这个谣言不无根据,而莎士比亚也附带地回应了这个谣言。理查的父亲,通过回忆古罗马格言"父亲总是不确定的",排除了母亲的罪责,同时,将罪责归咎于儿子,提出正是儿子的行为导致人们怀疑母亲的罪责。②

然后,有人民的声音("他们说")。人民所表达的指责的内容,正如费奈隆所叙述的那样,非常明确:作为国王的理查二世的行为会干扰职能与秩序;他的行为表现得像一位教士,同时他不行使一位国王的任何职能——命令,公正与战争。为了自我辩护,理查援引了"好的意图","好的榜样","严厉"

---

① 费奈隆,《作品集》,前揭,卷1,第439页。在对话录的末尾这三个要素又被重新提起(第441页):"一只狗就决定了它的权威,荣耀,生命和整个英格兰的命运。"

② "他们说您不是我的父亲,而我是波尔多一位议事司铎的儿子。——[……]这不是你妈妈的原因才让他们有了这样的想法;但是他们有这样的想法就没有一点你的原因吗?"(同上,第439—440页)

的执行,同时给出了行动作为证据,而此行动的分量证明了莎士比亚笔下人物的罪责:谋杀理查的叔叔,格洛斯特。但是,莎士比亚笔下的理查二世试图将罪责推给执行者,而费奈隆笔下的理查相反,将此吹嘘为严厉的例证,因而也是真正的国王行为:远远没有为"国王存在"带来阴影,这个犯罪却成为其最佳表现;似乎,由于相隔了一个世纪,国王已然吸取了霍布斯的教训,不承认其权力有任何道德底线,从"地上的上帝"这个封号中获得后果,而在莎士比亚那里,这个封号则被用于博林布鲁克这个毫无争议的胜者身上。①

面对愿意承担其罪责的儿子,黑太子的回答体现的完全是马基雅维利主义的概念,即国王行为被其效用与成功所证明正当:在黑太子看来,这个谋杀可以因格洛斯特的危险性格(一个城府很深,矫揉造作,胆大妄为,能够赢得对手支持的人)而被证明是正当的。但是理查的行为并非一个真正的政治行为,因为完成该行为之人没有"任何政治立场",他应当"衡量"其行为的目的与手段,"支持"其行为直至最后。因此父亲教给儿子的是一堂马基雅维利主义的政治课——老师费奈隆间接地教授其学生。

在费奈隆的对话中,错误被归咎于理查本人:他与法国国

---

① 《理查二世》,第五幕,第三场,第134行。

王查理六世女儿的婚姻是没有领土交换的政治错误;为了与敌人结盟,他拒绝作为其臣民的"父亲";最终,他在拘禁期间的状况,没有战争,证明了理查的懦弱,他拒绝"作为一个勇敢的人死去"。费奈隆如此讲述理查与博林布鲁克在城堡中的会面:一个人"果敢",于是所有人都"放弃了"只有"懦弱"①的另一人。

在其懦弱背后,是幼稚,理查看到他养的母狗走到其对手兼继任者身边被其爱抚:在莎士比亚笔下,我们也有类似的场景,理查的马夫告诉他,他的马儿巴巴利(Barbary)同意让博林布鲁克骑。② 最终理查的懦弱体现在他向其篡位者请求活命,但未能得偿所愿。

从而费奈隆的对话通过一份三页纸的提纲,重拾了一个世纪之前莎士比亚《理查二世》中的主题。然而,这两个文本之间存在着很多差异。在某种程度上,这些差异是由于资料来源,但更多的是由于这两位作者的视角的差异:我们可以衡量出在一个世纪的时间中,视角的变化是如此之大,同时身为勃艮第公爵的家庭教师的费奈隆,《对话录》就是为了前者而作,其立场与英国戏剧家是多么迥然不同。费奈隆的资料来

---

① 费奈隆,《作品集》,前揭,卷1,第442页:"懦弱"被重复了两次。
② 《理查二世》,第五幕,第五场,第74—94行。

源明显狭隘得多；莎士比亚拥有整个英国（倾向于兰开斯特公爵）与法国（傅华萨）的历史文献，以及新旧王朝的拥护者的作品，而费奈隆似乎只读过安德烈·杜谢恩（André du Chesne）的《英格兰、苏格兰和爱尔兰简明史》(*Histoire générale d'Angleterre, Écosse et d'Irlande*)，傅华萨的《历史与编年史》(*Histoire et chronique*)，也许还有波利道尔·维吉尔（Polydore Vergil）的《英格兰史》(*Anglicae Historicae*)，这些书都是17世纪末很容易获取的。费奈隆的对话中的所有元素都来源于这三本书，尤其是第一本。① 这与莎士比亚的资料来源部分相同；但他们处理对待资料的方式明显不同。

理查出生的合法性，在莎士比亚的戏剧中以暗示的方式刚刚被提及，而在费奈隆笔下，则作为国王行为的解释性原则来陈述；在费奈隆笔下，出生的不合法性并非以神秘主义或隐藏的方式作为理查血统与姓名的不确定性的协助因素，而是作为生理学的因素，鉴于遗传性，国王的怯弱，这个细节似乎是费奈隆想象的，因为理查"乞求上帝像一位议事司铎"，而不像有魄力的封建领主。但是，一旦这个理由被王子所排除——"我无法相信它"——，剩下的唯有国王本人的罪责，对

---

① 杜谢恩往往依靠傅华萨的书。关于这种令人怀疑的出生，傅华萨的《历史与编年史》，Paris，1574，卷4，第310页，第113章比杜谢恩的要详实，《英格兰简明史》，第3版，Paris，1641，第787页，第16卷。

此费奈隆采取了与莎士比亚不同的基调。诚然,费奈隆的资料来源为国王的自我谴责(特别是波利道尔·维吉尔),为其承认其错误与懦弱,留下了空间,这份招供被莎士比亚回避了:在后者的戏剧中,国王的"疯狂"并未被列举,似乎在剧作家眼中,招工既没益处也不能作为祭品,国王的牺牲所身处的毁灭比承认所有道德与政治错误要重要且有意义得多。相反,对于费奈隆这位反宗教改革时代的天主教徒而言,招供,详述坦白错误,是关键的,尤其是这份供认是对着冥府的父亲而作:"但是你究竟做了什么,我的儿子?你难道没有一点错吗?对你的父亲说出真相吧。"而在资料中,在莎士比亚那里,这些"疯狂的事情"的诵读是对着博林布鲁克及其谋反者,或是伦敦人民的。在莎士比亚的眼中,对王权,国王的"国王存在",由国王本人提出神秘主义的诉讼,而在费奈隆笔下,则作为一个孩子向其父亲供认的"个人的"错误,或是一位国王未曾仔细"衡量"其决定亦未曾"支持"其行为直至最后这样一个"政治性"错误。政治性错误被归结为对于一个行为的益处与弊端的近乎商业化的评估:某件事情(国家的)为另一件事(一段婚姻)让路:"那么他们为了这段婚姻给了你什么?"

儿子危害"其自身民族的强大",与那些从"削弱其力量"中获益的敌人结盟,黑太子对此的愤怒,揭示了一种可以被称为王权的平民化的观念。莎士比亚的《理查二世》中已然出现了这种演变,但它仍然保留着国王存在与此国王存在的辞职的全部神圣与圣事的价值。从今往后,这种演变被实现了:国王不再被视为上帝,基督,承受"瞧,那个人"的痛苦之人;他变成了具有所有人的才能与情感的国王,一位纯粹且简单的人兼国王,缺失莎士比亚通过指出存在的不足中的痛苦的巅峰而将笔下人物所置于的悲剧层面。在费奈隆笔下,国王变成一个拥有情感与思考之人,兼具灵巧与笨拙,是人民之父(而我们清楚这个传统称号对于费奈隆及众多当代人的重要性),他用爱去交换恐惧,寻求依靠以抗拒那些害怕死亡且相信"先兆"的"叛逆分子"[①]。

在王权的神圣概念——康托洛维茨确认是莎士比亚的《理查二世》中最为优美且最终的表达之一的两个国王身体的概念——与一个"现代的"概念,功利主义的,道德的且缺乏一切神秘主义的层面,这两者之间的差距产生了好几种后果。对于王权的这种全新的阐释导致了教育学的必要性及可能的效能:一位父亲,或是一位良师,必须且应当教授一位国王或一位未来的国王他将承担起特性及行为的国王存在是什么。费奈隆的故事,如其他的《死者对话录》一样,是失败的教育的故事,一个提醒,一部教诲作品。

---

① 所有这些引用都见于费奈隆,《作品集》,前揭,卷1,第439—441页。

王权"本质"概念的抹煞,即抹去了国王存在的神秘性的另一个后果,便是将责任归结到个人身上——以个人有罪及招供为标志——对于统治或政治的成功或失败的责任。从某种意义上来说,这抹去了,或至少淡化了,莎士比亚的《理查二世》中标志性的悲剧深度。但是以另一种方式,在费奈隆视角中加诸于个人身上的分量(不再作为国王存在的帮凶)变得令人难以承受:个人的思考,他的情感与行为约束着其整个存在。我们可以称之为"精神状态"承受着责任与为其行为做"担保"的义务的全部重负。

作为16世纪与17世纪之间神秘论历史典型特征的是一场类似的运动。中世纪末与近代开端,一种"神秘主义的"神学旨在从人类存在中抽离出与世界秩序与神圣行动相和谐的"隐藏的"意义。从上帝到人,直到无生命的创造物,这个神圣的行动,其根据至少可以追溯到新柏拉图主义与伪狄奥尼修斯的神学的等级化,且在贝律尔主教时代仍然很鲜明的表现,一直有影响力。因而,在历史中,在政治层面下,人得以在根据宇宙论的暗喻所表达的等级之中找到其位置。

可是这种世界观,关于人与政治的,在17世纪失效了,当支撑它的暗含的哲学崩塌之时。再也不是由神圣行为所赋予生命的宇宙,而是人自己,个人与社会的人,赋予了经验最终的意义。由教会所定义的宗教真理,成了对抗宗教的东西,基督教社会的价值以及道德忧虑在神秘主义层面中占据了一席,而其命运则在于只能以边缘化的组织或是思想陈旧的家庭的方式残存。对真理的拥护,以及与实践,与理智和情感的行为保持一致,都成了救赎或失落的载体。人变得"判断"自身,承认其错误并自我改正。在人类经验中,教育学的位置变得尤为关键。

王权的概念经历了一种类似的演变。在费奈隆笔下,我们距离莎士比亚主角的悲惨命运相当遥远。由伊丽莎白时代的剧作家,以及一个世纪之后的路易十四孙子的家庭教师所作的这两种对于理查二世倒台的阐释,是如此迥异,以致我们可以借之衡量将我们引上启蒙运动时代世俗化与伦理主义道路的演变。

尽管舞台演出与修辞旨在将王权的神圣观念永久延续下去,尽管加冕与仪式的圣事仍然存在,例如法国国王在加冕时触摸患者以治愈瘰疬,从今往后国王的荣耀取决于君王个人的伟大,其有益于宗教的行动,以及人们因看到上帝之手而欣悦的成功。博须埃在《圣经中的政治》(*Politique tirée des propres paroles de l'Écriture sainte*)中,以及费奈隆在《忒勒马科斯历险记》(*Les Aventures de Télémaque*)中陈述人们所期待的君王的道德、宗教以及政治才能时的坚持是这种变动的信号;大主教康布雷(Cambrai)试图说服其曾经的学生腓力五世逊位时的方式使得我们可以衡量这场演变的规模。

7

詹姆士二世或辞职

一些君王自愿放弃权力，我们可以将之与那些拒绝这么做，宁愿要么保留权力，要么维持无法行使权力的暧昧情境，却给予几乎彻底丧失权力这一现实正式认可的君王，即逊位的君王，进行对比。第一种情况是西班牙国王腓力五世，我们将在后面一章中探讨，詹姆士二世，被流放的英国国王，因奥兰治的威廉的成功而被迫逃跑，后者因光荣革命于1688年成为威廉三世。法国国王路易十四将其接纳并安排圣日耳曼莱昂堡作为其住所，詹姆士二世从未逊位，即使是在路易十四于1697年签订"莱斯威克条约"，不得不承认"篡位者"为英国国王时。

诚然，我们可以认为詹姆士二世的态度与其逃跑等同于逊位，这迫使在重新征服爱尔兰战役中失败的国王的追随者们接受下列决议:"国王詹姆士二世通过破坏国王与人民原初的协议着手颠覆王国宪法,破坏了关于耶稣会教士及其他邪恶之徒的意见的基本法并逃离了王国,据此事实,放弃了统治而王位因此空置。"①这个事实逊位的概念既令人疑惑又令人感兴趣:逊位以被事实状态的概念所排除的自愿行为为前提,这似乎自相矛盾。但是,除此之外,它将一些象征行为作为一个未表达的意愿的搬运者。从而发生了一个可能看似无关紧要的行为,逃跑中的詹姆士二世可能是出于突然的冲动将王国大印扔进了大海或是泰晤士河中,以便没人能够以其名义召开议会。② 这个行为,在法国人眼中,可能对流放中的国王有一点不利而且颇具讽刺意味,这是国王懦弱的补充的征兆;这至少是《1688、1689年法国宫廷回忆录》(*Mémoires de la cour de France pour les années* 1688 *et* 1689)的作者的评价,此书的作者被认为是拉法耶特夫人(Mme de la Fayette)的,她记录道:"法国人想到英国国王找到的被匆匆丢掉的东西就大笑不止。"③但是逃跑中国王有形的躯体与权力象征,即王权象征

---

① 由爱德华·T·科尔普(Edward T. Corp)从《路易十四时代圣日耳曼莱昂斯图亚特宫廷》(*La Cour des Stuarts à Saint-Germain-en-Lay au temps de Louis XIV*)中引用,Paris,Réunion des musées nationaux,1992,第62页。

② 同上,第58页。

③ 拉法耶特夫人,《1688、1689年法国宫廷回忆录》,Paris,Galic,1962,第65页。

的躯体,二者粗暴的分离,可能会看似采取了一种拒绝的态度,等同于逊位,这个行为显示了国王本人与其权力之间的距离,大印所扔进的水的深渊很好地指代了分离的不可逆转性。

不管这个行为究竟怎样,也不管是否真的是逃跑中的詹姆士二世所为,后者将不停明确表示他从未逊位。路易十四宫廷的礼节与逃亡者在法国的地位及其鲜少被认可的荣誉,都肯定了君王的断言。他被作为国王来接待,而当路易十四对于威廉三世的认可尚未改变法国宫廷对于圣日耳曼城堡客人的态度时,这甚至是以矛盾为代价的。

詹姆士二世于1696年表示拒绝逊位,当路易十四派遣德·蓬波那(M. de Pomponne)向其传达波兰人倾向于选举他作为他们的新国王。他做出了斩钉截铁的回答:詹姆士二世"对他(路易十四)说,他不可能接受这个王冠,如果人们将之送予他,同时因更重要的理由,他不会为了得到它而做出任何举措;如果他这么做了,人们就有理由将其视为逊位之人"。詹姆士二世承认自己几乎没有希望重新登上王位,但他宁愿维持现状而不愿"做一丁点有损于其家族或伤害其宗教的行为"。①

---

① 见詹姆斯·斯塔尼尔·克拉克,《英格兰国王詹姆士二世传》(*Vie de Jacques II, roi d'Angleterre*),让·柯恩(Jean Cohen)法译,Paris, 1819,卷4,第412—413页。

如此之决心被贯彻始终,甚至是在所有情境与之相矛盾之时,甚至在国王放弃了其主要要求,放弃了英国圣公会誓言义务的豁免权力,因 1689 年的"权利法案"被嘲笑之后,而那时他本有希望返回英国。① 它更多的是对于众多宗教作品沉思及与神学家与天主教人士相识所产生的教会思考的产物,而非隐藏了意愿的缺失与懦弱的固执的产物。

在《1688、1689 年法国宫廷回忆录》的作者看来,詹姆士二世"只对耶稣会教士着迷"。② 无论这些耶稣会教士们对于国王决定的影响是真实的还是虚幻的,可以肯定的是,耶稣会的作者们的教会作品在国王流放法国后使其深受启发。对于其阅读,我们拥有确实的证据。从而我们知道了他勤勉地思考耶稣会教士让·克若瓦塞(Jean Croiset)于 1694 年由里昂出版社不具名发行的《每月一日的心灵隐退》(*Retraite spirituelle pour un jour chaque mois*)。③ 被废黜的国王于其中可以发

---

① 见《另一种流亡:18 世纪初的法国雅各宾派》(*L'Autre Exil. Les Jacobites en France au début du XVIIIe siècle*),科尔普(编),Les Presses du Languedoc,1993,第 48—49 页。

② 拉法耶特夫人,《1688、1689 年法国宫廷回忆录》,前揭,第 66 页。

③ 由科尔普引自《路易十四时代圣日耳曼莱昂斯图亚特宫廷》,前揭,第 132 页。

现一种集中于"救赎之事,最为重要的事情"的精神性。如果人忽视了其救赎,那么地狱将是其生命的归宿。对于死亡的重视,临终时刻的描绘,无用的懊悔都被置于《心灵隐退》读者的眼下。俗世上的一切都只是虚荣,"虚妄的消遣",人应当对此有所觉悟。"人成为国王、高级教士、商人与手工业者都没必要,不论他是知识渊博,还是能干手巧都没必要,但是获得救赎是必要的。"①其后果便是一切非救赎,这项"个人事务"之外的一切的贬值。② 生命中的事件、成功、权力、荣誉、丰功伟绩,如失败或革命一般,都只是"个别的偶然"。③ 阅读神甫克若瓦塞的书只会使国王脱离政治行为与社会生活,以便集中思考谈话与善终才能实现的个人救赎。

詹姆士二世在其他耶稣会教士的书本中所能找到的也是类似的精神性,尽管强调的重点不同:顺从,完全听从上帝的意愿确实是自《师主篇》普及至整个基督教然后广为传播的虔诚的主题。它们与圣·依纳爵(Saint Ignace)在《神操》(*Exercices*)这本书中所阐发的沉思结合,该书被18世纪的出版商称为失去地位的君王"最喜爱的书"。西班牙耶稣会教士尤西比

---

① 让·克若瓦塞,《每月一日的心灵隐退》,Lyon,1694,第199—200页。
② 同上,第188页。
③ 同上,第94页。

乌斯·尼伦贝格(Eusèbe Nieremberg, 1595—1658)[①]的《论时间和永恒的差别》(*Traité de la différence du temps et de l'éternité*)这部作品译本众多,在古典时代是真正的畅销书,它展现了一种精神性,于其中我们可以轻松地看到其启发了詹姆士二世的态度与举措的部分,以及流放中的君王可以找到的其内心情感的最佳表达。这位西班牙耶稣会教士坚信可见的世界与时间只是永恒的阴影,而神学家的任务则在于消除宇宙的幻象,点醒其学生,通过给予他好好利用人生这一短暂时刻的方法。如同时代的卡尔德隆(Calderon)一般,尼伦贝格以示真者(desengaño)的姿态出现,展示了一种柏拉图主义的思想,注定要逐步地将其读者引领出世界阴暗洞穴墙壁上所描绘的表象。我们明白,这部作品只能吸引流放中的国王,通过赋予其忧郁一种宗教意义,揭示出扰乱生活与其王国历史的特殊事件的意义。

在其《论时间和永恒的差别》中,尼伦贝格将俗世财富的虚荣与卑鄙,这些"虚无的东西"与"真正的财富","时间痛苦的朝圣",以及"永恒稳定且平静的居所"相对立。他援引了大卫的

[①] 关于尼伦贝格,见休斯·迪迪埃(Hugues Didier),《精神词典》(*Dictionnaire de spiritualité*),卷11,Paris,1981,第328—335页。我们采用的法文译本是由神父让·布里翁(Jean Brignon)1713年在特莱武和巴黎翻译的,在其前言中,他提到了英国国王阅读了1694年在里昂出版的译文。

事例,后者蔑视其王冠、王国、财富与宫殿,对照永恒的王国。这位耶稣会教士强调革命、破产与牵连到整个王国与帝国的特殊事件:"没有任何可与天国相媲美的俗世的王国是什么呢?"①国王的境况本身就不值得羡慕,"俗世中没有一个人拥有他所期望的一切,甚至对于国王也是如此",②同时尼伦贝格用西班牙国王腓力三世作为例证:"作为西班牙的国王以及全世界好几个王国的领主,是有点似是而非,然而腓力三世却说,他诚心希望用其所有王冠来交换修道院看门人的钥匙。"③一个思考其境况之人可能会有怎样的态度呢?耐心,顺从,服从上帝的意志且与其保持一致,期望永恒,等待死亡。我们明白,对于这位西班牙耶稣会教士的冗长篇章的持续性沉思已然坚定了詹姆士二世的忧郁的拒绝行为:一个特殊的不幸剥夺了其王国;并非他本人的意志使其放弃先知大卫国王所宣称的虚幻的权威,实现剥离一切王权权威的是上帝的意志。一种内心的逊位,使得被废黜的国王,被动地,通过放弃,顺从于神圣的敕令,而得以采摘屈从的果实,在这种屈从中,他辨认出耶稣—基督所提供的深刻教训,后者宣称其王国并不在这个世上。

---

① 尤西比乌斯·尼伦贝格,《论时间和永恒的差别》,Paris,1713,第119页。
② 同上,第130页。
③ 同上,第143—144页。

☆

其他耶稣会教士所传递给他的教会忠告,他同样从神父兰斯(abbé de Rancé)这位苦修会改革家那里获得了,他曾与之多次碰面,且自1690年起保持通信往来。我们保存了被废黜的国王与苦修会教士之间大量的往来书信,其中发展的自我牺牲与放弃的全部精神性。继《传道书》与圣保罗之后,兰斯在其书信中建立了俗世与天国的根本区分。俗世是虚荣,"没有任何价值的享乐与财富"的领域,"盲目几乎是普遍现场"的地方,"存在的东西,不管它们是怎样的,当我们拥有时不会给我们带来任何快乐,而当我们失去时也不会感到任何遗憾。"①兰斯多次引用耶稣—基督对彼拉多说的话,这多少带有对于流放中的国王情境的隐射,而尼伦贝格与克若瓦塞已经引用过了:"我的王国不在这个世界中"(《约翰福音》18:36)。詹姆士二世逐字逐句地重复了这些忠告,《论精神》(Traité spirituel)中他的自传给出了一些摘要:"我开始真正认识到俗世权威的一切虚荣,同时深信只应当渴求上帝的爱。"②真正的王国在那一边,"幅员

---

① 兰斯,《通信集》(Correspondance),奥尔本·约翰·克莱尔希默(Alban John Krailsheimer)编,Paris,Éd. Du Cerf,1993,卷4,分别是第93页,第446页,第137页。

② 由克拉克引用,《英格兰国王詹姆士二世传》,前揭,卷4,第445页。

辽阔,风景秀丽,且无比富饶"。①

然而,俗世的事件,正如兰斯所重复的那样,是在上帝的指引之下发生的,上帝之手"参与一切","引领小船躲避一切暗礁与暴风雨"。② 这位苦修会教士,通过与詹姆士对话,同样承认:"陛下,诚然,上帝统治一切,世上没有一样事情不是他做的,而当他想要一件事降临时,即便俗世的一切力量联合起来密谋阻止,它们也永远不会成功。"③这个关于上帝的观念准确说来并非独创,在博须埃的作品中,我们可以找到很多类似的论断。但是,由一位苦修会教士对一位流亡中的国王说出的这个论断招来好几个显著的后果。首先,是对于历史的重新阅读,国王悲惨的倒台及其政治与神圣层面被转化为一件抽象的"不幸",一些"事件","宿命"与"厄运"角度的一件倒霉事;所有这些词汇,在兰斯的书信中,指代却没给出其真正的名字,国王的垮台,其效应在于使这个倒台的悲剧性变得平庸了,同时将之带回了人类共同的境况,灾难几乎总是战胜成功。④ 另一个后果便是人的态度,尤其是流放中的国王的

---

① 兰斯,《通信集》,前揭,卷4,第93页。
② 同上,第137页。
③ 同上,第387页。
④ 以上的几个出处分别是,同上,第69,93,136,400,435,458页;以及克拉克,《英格兰国王詹姆士二世传》,前揭,卷4,第414,415,448,454页。

态度,应当是顺从且安命的。尽管詹姆士二世的一些追随者们可能会希望他不要那么"安命",兰斯书信中主要的仍然是对上帝顺从以及耐心的建议,而在国王本人的书信中,其结束语是"我带着完美的安命死去",国王显示出自己是苦修会教士的好门生,也许是因为这种态度和詹姆士二世的忧郁性格,与现在一位历史学家有些过时地称之为的"神经性忧郁症"①太相称了。

兰斯将顺从上帝与模仿耶稣—基督作为挡箭牌,而国王则将其不幸阐释为其错误的后果。他写给苦修会教士的书信,与其所有私人信件一样,体现出一种强烈的罪恶感,他写道:"我与我的臣民尚未为我们的罪孽承受同等的痛苦。"②这个指控促使国王感谢上帝剥夺了其王国且由此将其"从罪恶的沉睡中唤醒"。③ 我们可以增加很多书信的引用,其中国王体现出了,用其自传的话来说,"以苦行赎罪的强烈愿望"。④

兰斯的建议与其教会阅读所启发的詹姆士的态度显示出

---

① 科尔普,在《另一种流亡:18世纪初的法国雅各宾派》,前揭,第11页。关于退位的意见,见兰斯,《通信集》,前揭,卷4,第71,92,446,458页以及多处。
② 戴克拉克,《英格兰国王詹姆士二世传》,前揭,卷4,第319页。
③ 同上,第412页。
④ 同上,第449页。

的东西，我们可以称之为剥夺国王思想与行为。从今往后，重要的就是个人，这个有罪的、忏悔的且皈依的基督徒，向往离开俗世去享受天国的幸福。国王本人境况下的行为与悲剧只是一些变体，这是专业说法，是所有人，在其层面，在遭遇不可避免的事件中所经历的变体。这种对于"国王存在"的根本变化并非对于逊位行为，对其可能性、其可能的影响与意义没有后果。

事实上，兰斯对詹姆士二世所提出的教会建议以修道士改革的思想为特色，后者激励着这位苦修会教士的一生与作品。这些建议被西多会传统所启发，后者在蔑视俗世的传统以及我们在谈及查理五世时已然提过的《师主篇》，以及法国教会学院最基本的忠告的精神下被重新审阅。这些建议是提供给流亡中的国王的，而非隐修在修道院中的僧侣，但它们只从私人，简单的基督徒的精神性的角度来思考君王的生活，在某种程度上忽略了国王，甚至是流亡中的国王的一切思想与行动的必要的政治性。为了传统区分，兰斯只面对国王的"私人"躯体：国王的"国王存在"没有被否认，它被彻底遗忘了。由此得出结论，国王的正式逊位无关紧要，"国王"被加上了双引号，无论其是否逊位，唯一被考虑的只是简单的基督徒，在任何情况下，哪怕是特殊情况下，都应当自我救赎的基督徒。

一个半世纪之前查理五世实施蔑视世界与《师主篇》的精

神性忠告则以完全不同的方式。给查理五世的国王存在加上双引号是不可能的,甚至不可想象:要打破君王两个身体的根本结合,必须诉诸一个权威的行为,即逊位;查理五世必须明确且自愿地剥离其最高权力的所有具体体现,才能在重新成为简单的基督徒之后,将自我救赎作为其唯一视角,同时作为个人,其所有行动都是为了获取这永恒的救赎,而作为孤单的人,应当面对上帝的最终审判。这与詹姆士二世的情况并不相同。在这两位君王的行为差异中所揭示的,与斯图亚特国王本人性格所能行使的职能无关,是时代,权力概念以及个人救赎的改变:两人都"忧郁"——尽管方式不同——都被《师主篇》的忠告所造就,他们面对自愿且明确的逊位假想拥有不同的态度。16世纪的皇帝应当自愿放弃其至高权力以便如一位苦修者,几乎如躲避在修道院中的僧侣一般生活,而通过这个根本转变,才能确保其救赎。17世纪末的国王能够保留,尽管没有效力且无实际行为,其皇家尊严,如某种隐藏的视角一般,同时另一面可以如向往死亡的严厉基督徒一般生活;事实上,对于詹姆士二世而言,真正的王权是天国的王权;下面的这个只是一个阴影。

以某种方式,我们目睹了16世纪中叶与17世纪末之间可以被称为权力的非神圣化,而这是通过权力"虔诚",甚至是"虔信派的"概念的升天而实现的。如果真正的王国并不在这个俗世,那么下面的王国变成了一个不需要逊位的职位,以便君王可以实现其救赎。一个非凡的行为并不必要也不可能。与生俱来、遗传而来的神圣与君王的意愿无关:詹姆士二世可以在继续当国王同时作为一个基督徒聆听宣扬僧侣美德的兰斯的建议。一个后面的思想确保了其王权,哪怕他是唯一对此深信之人,哪怕路易十四宫廷的礼仪仍给他保留了既可笑又导致其忧郁的地位:他拥有两个自相矛盾的信念,他是国王与王权并不在这个俗世中。非神圣化的信号,首要的罪恶即反叛国王不再是谋害君主罪,而是,用兰斯的话来说,灾难,不幸,"事件"的厄运,这些词汇丝毫没有标明侵犯神圣,而是描述为可能在各种情况下,会打击每个人的生活中的不幸,而人应当好好利用以便获得救赎。

在这些情况之下,詹姆士二世顽固地拒绝逊位,更应当被阐释为懦弱与固执,做出自愿行为的不可能性,而非对于国王神圣的无比崇高性的认识。一定数量的当代人对于这位被废黜的国王的评价肯定了这种阐释:"他很懦弱,承受灾难时更多的是无动于衷而非勇气,尽管他生来便具有英国人普遍具备的蔑视死亡的非凡价值,"《1688、1689年法国宫廷回忆录》的作者如此写道;而兰斯大主教勒·泰利埃(Charles-Maurice Le Tellier),戏谑地模仿亨利四世的名言,"以讽刺的语气宣告:'这是一位相当好的人;他为了弥撒而放弃了三个王国。'"①圣西蒙曾为"这位不幸的君王"(被背叛且遭离弃)作过画,詹姆士二世于1701年死亡之时,他用两条线绘制了这幅画像的缩影:"其才华与善良使其与众不同,更多的是他承受所有不幸时一贯的宽宏大量,以及其高尚的圣洁。"②

詹姆士二世以一副苦修的基督徒且对于俗世漠不关心的形象,从尚未具备正式的、司法的外在形态,逊位的内在放弃中获取了精神果实:似乎成了个人不幸与惩罚个人错误的失去王位,免除了君王这个逊位行为。但是看似是对于王权超验性的确认的拒绝逊位,事实上,如果不能被视为否认,那么至少是将此特性变得毫无意义。当代人都注意到了这一点。

---

① 拉法耶特夫人,《1688、1689年法国宫廷回忆录》,前揭,分别为第83—84页和第64页。
② 圣西蒙,《回忆录》(*Mémoires*),卷 2, Paris, Gallimard, Bibl. de la Pléiade,1983,第144页;也参见詹姆士二世的背叛与衰落,同上,卷8,1988,第633页。关于法国对詹姆士二世的看法,见让·奥西巴尔(Jean Orcibal),《艾斯德尔和雅塔利亚的诞生》(*La Genèse d'Esther et d'Athalie*), Paris, Vrin, 1950,特别是第58—60页,第69—74页,第77—82页。

8

腓力五世：不可能的逊位

戴克里先皇帝或是查理五世的逊位都分别激起了很多疑问并产生了众多的阐释。腓力五世的情况则完全不同，因其使我们发现了引领国王逊位的因素以及与之相对立的论据：十多年来，论据互相交流，而这场对立的重大兴趣点在于参与到这场争辩之中的人的杰出个性以及这些论据本身的性质：法学辩论，外交赌注，政治原则，宗教，甚至是神秘主义的理由，将腓力五世的情况变成一宗新颖的典型事例。可以说通过一些严格制定的演说，我们事实上发现了有利于逊位的可以援引的一切以及阻止这位西班牙国王完成这一行为的政治与个人的理由。但是在深入研究这些赌注与论据之前，我们应当简单介绍一下激发它们的政治事件。

☆

俗称的西班牙继位战争(1700—1713)是路易十四统治期间国际关系的主要问题。西班牙国王腓力四世有三个孩子：两个女儿，一位是玛丽-泰蕾兹，路易十四的妻子，另一位是玛格丽特-泰蕾兹，皇帝利奥波德一世的妻子，还有一位身体虚弱似乎无法存活的儿子，唐·卡洛斯。然而后者一直活到了成年并成了西班牙国王，名号查理二世；但他没有子嗣，他的死亡必然引发敏感的继承问题。哈布斯堡提出查理二世的遗产不应当被分割，应当全部归于死者姐姐一家，利奥波德一世及其后代。事实上，奥地利的安娜，腓力四世的姐姐，法王路易十三的妻子，以及玛丽-泰蕾兹，腓力四世的长女，路易十四的妻子，她们在结婚时，都已明确放弃了对于西班牙王位的权利。法国的观点完全不同：它提出按照布拉邦特(Brabant)的传统，玛丽-泰蕾兹至少对荷兰保留了其权利，这是利奥波德一世与路易十四之间于1668年的秘密继承分配所承认的。1698年至1700年间的分配协议将主要遗产归于哈布斯堡，法国则得到一些补偿。

在查理二世死前不久，一切又被重新提起：前者对于利奥波德挽救西班牙王朝的力量不大有信心，于1700年10月2日，拟定了一份有利于安茹公爵腓力的遗嘱，腓力是王太子的二儿子,路易十四的孙子。该遗嘱的一个条款取消了奥地利的安娜与玛丽-泰蕾兹的放弃继承的声明,并指定,如果安茹公爵不在,由其弟贝里公爵继承,如果后者也不在,则传给利奥波德的儿子,奥地利大公,最后,如果大公也不在,则传给奥地利大公萨瓦公爵。

查理二世死于1700年11月1日。第一时间内,路易十四决定遵照第一份分配协议,拒绝接受遗嘱。11月9日与16日分别召开了两次会议。外交部秘书托尔西(Torcy)的《回忆录》(Mémoires)中记录了博维耶公爵的话:"做出决定,遵从分配协议,确信战争,是法国接受查二世遗嘱的必然结果,将造成法国的毁灭。"①公爵的这个判断反映了改良主义阶层的态度,后者专注于国家、人民以及经济的状态,拒绝对外举动,认为农业、人民的富足、和平应当可以决定行动。这也是费奈隆不断写的内容,要么是在其1693年12月写给路易十四的一直未发表的信中,要么在1692年发表的《忒勒马科斯历险记》中②:最好是拒绝权力

---

① 让-巴普蒂斯特·柯尔贝尔,托尔西侯爵,《回忆录》,La Haye,1756,卷1,第156页。
② 另见,利昂纳尔·霍特库格(Lionel Rothkrug),《反对路易十四:法国启蒙运动的政治和社会起源》(*Opposition to Louis XIV. The political and social origins of the french Enlightenment*),Princeton,Princeton University Press,1965,以及弗郎索瓦-格扎维埃·库什(François-Xavier Cuche),《一种天(**转下页注**)

与荣誉的增加而非拿构成了真正强大且保证人民幸福的东西去冒险。

然而路易十四最终于1700年11月16日接受了查理二世的遗嘱,在后者死后两周。"不再有比利牛斯山脉!"巴黎人这么宣称。正如大家所预计的那样,战争立刻就来了,皇帝决定支持儿子查理大公的继承权。事实上,他的军队,在欧根亲王的统领下,于1701年春天开战并以意大利北部为其根据地。

路易十四期望获得萨伏伊公爵的中立,通过将后者的女儿,玛丽-加布里埃尔嫁给自己的孙子,安茹公爵,即后来的西班牙腓力五世。然而,他犯了几个错误:将腓力五世的统治置于法国保护之下,他为自己树立了海上强敌。此外,通过1700年12月签署,1701年1月盖印并于1701年2月1日在最高法院登记的诏书,他保留了腓力五世对于法国王位的权利,使得欧洲承受着法国—西班牙双重帝国的威胁。此外,他与英格兰的威廉三世结盟,承认圣-乔治骑士,詹姆士二世,被废黜的国王,死于1701年9月5日圣日耳曼莱昂的长子的英

(接上页注)主教社会思想:弗勒里,拉布鲁耶,费奈隆》(*Une pensée sociale catholique. Fleury, La Bruyère, Fénelon*),Paris, Éd. Du Cerf, 1991,以及对于费奈隆政治回忆录的说明,参考书目与注释,见于费奈隆,《作品集》,前揭,卷2,1997,第1677页以下。

国国王身份。如此,威廉三世(在其死前不久,1702年继位),皇帝列奥波德一世及荷兰联省共和国于1701年9月7日,在海牙签订"大联盟"条约。

怎样阻止战争

1701年8月28日,在战争合法性及选择强权政治还是采取放弃的和平态度的问题被提出的情况下,费奈隆写了"对阻止西班牙继承战争方法的陈情书"(Mémoire sur les moyens de prévenir la guerre de la Succession d'Espagne)[①];这份陈情书正好写于意大利战争期间,欧根亲王在1701年7月5日战败了法国与西班牙联军之时,这场胜利预示着更多的胜利。

费奈隆的陈情书表达了将经济集中在王国内部的担忧(为了发展本国的农业和商业,而忽视国土以外的开销);他表示了大主教对于西班牙的不信任,他对于这个国家的信息没

---

① 费奈隆,《作品集》,前揭,卷2,第1013—1027页。费奈隆的这篇陈情书的所有引用都出自以上这些页数,我们不再给出每一引用段落的出处。

有超出当时的老生常谈,即一个"愚蠢且退化的"民族,非常在意其独立。可能是由于地理位置临近,费奈隆清晰地理解荷兰的关键地位,不仅从欧洲商业的角度,而且也是"整个欧洲自由的中心与资源",以及"一切可能组成的联盟的重要资源"。因此,他将欧洲平衡作为其政治的主要原则,即便他没有直接用"欧洲平衡"这种表述。但是这个平衡,在他看来,只能由"好的信仰"(这是内部尤其是外部的唯一基础),"声望","国王的荣耀",谨慎,拒绝"升迁高位","称号",虚妄的"名声",以及"虚假的名誉"所确保。这个好的信仰与谨慎使得在把握了权力的真实的同时可以确保行动的有效性,如天恩一般,"由一些难以察觉的途径",而非因喧闹与炫目而进行。协商,哪怕暂时徒劳无益,哪怕以暂时的放弃为代价,仍然是政治的优先手段。

费奈隆并非拒绝一切强权政治。他提出后者应当以真正的实力为基础并且"有力地"贯彻始终。无法逃避且不断出现的问题在于搞清楚当时的王国,是否真正拥有实施这种强权政治的能力。于是,费奈隆的思考往两个意义上发展,伦理学意义与实用主义意义,两者彼此关联:美德与好的信仰都是建立权威与荣誉的最佳手段;诉诸武力,哪怕假定是可能的,会遭遇强加给一个精疲力竭的民族一份额外的战争的合法性问题,因为,即使物质上是可能的,这个努力也会有灾难性的伦理方面以及政治上的后果。

在每种情况下,费奈隆都根据其原则引出后果。然而他所揭露的法国在1701年初期所执行的政策缺乏连贯性。他看到的是一桩桩蠢事。为了使自己被人"畏惧",我们激起了对手自我防卫与"镇压"的欲望。但是战争的巨大花费却不能使人从中获取益处或取得战争胜利,不管从任何角度来说,它都将导致失败,"既没有坚守简单防卫的立场的节制优点又没有炫耀自身优势的攻击立场的成果"。

当时,"节制",而非放弃或逊位,是这个政治的目标:尚未考虑西班牙国王腓力五世本人所遭受的压力,费奈隆相信如果不可能"如婴儿般怀抱西班牙人",至少可以"牵着他们的手如同我们教年轻人走路时那样",这个比喻经常被应用于大主教的教会作品之中,用于谈论上帝对于人的恩惠及行动[①];这些建议在其于1701年10月10日写给鲁维尔(Louville)侯爵的信中再次出现,为了教会他陪伴国王以及西班牙人时的表现方式[②]。

费奈隆推荐的政治态度表达在一系列教会的实用主义的

[①] 比如,费奈隆,《作品集》,同上,卷1,第728页以下;以及《忒勒马科斯历险记》,同上,卷2,第43页。

[②] 费奈隆,《通信集》,让·奥西巴尔(Jean Orcibal)编,卷10,Genève, Droz,1989,第178—182页以及卷11,第154—157页。

概念之中:利益,放弃,为了某人而死,益处。如果我们想理解费奈隆政治的两大组成部分,我们应当衡量其概念的暧昧性:法国的利益可能与支援西班牙的政策不相容;面对不想放弃西班牙与不想"为了他们毫无益处地死去"的立场,法国被拟人化了,同时以导师或是牵着手将其引向好的自由的门托耳的形象出现,或是以一位强权及拯救的主人身份出现,如上帝一般,不想放弃一个其国王是自己国王的孙子的民族,但又不想为了这个民族"毫无益处地"死去。在费奈隆看来,一些伦理学优点,鉴于其表现,应当会得到西班牙国王的赞同;假定互惠互利,相信美德及其信仰的力量:"正直的目的","对于和平的真诚","真诚的节制"驱散"疑虑"并使大家"有目共睹";然而,如果我们看到这些,它们不是必然会令人信服吗?

相反,展示武力只会招致敌人的增加。"强大的国家"的后果只有"警醒我们的周边国家"同时"提早衰竭"。因而费奈隆推荐真诚与武力之间的另一种连贯性:要么开战,要么"缔结真诚且持久的和平",即一种防卫型政治,不放弃任何东西也不会试图去征服,高贵,荣誉,公正,基督徒行为,安全与利益都调和于其中。这里我们再一次看到了费奈隆眼中基础性的教会态度的移位:大公无私。但是看起来对他而言,政治上的无私从属于最高利益:是否应当阻止皇帝强占属于西班牙国王的荷兰的巴里尔(Barrière)地区呢?

不给他这个**好处**对于我们有决定性意义。此外,国王,背其孙子与其本人的利益,放弃一片如此美丽的国家,会显出与其伟大王子的身份不相称的懦弱。

而稍后费奈隆再次将大公无私与利益衔接起来:

应当显示出与我们所知道的相反,我们尽量避免战争,我们懂得去除造成阴影的理由[⋯⋯]我们永远不会让出半寸土地,我们所想的都是为了西班牙,没有以任何借口为了我们自身。这个立场非常高贵,最适宜于使国王享有盛誉,最公正,最符合基督教思想,最安全,最有可能使所有大国置于有利于我们的中立立场,最适合于获取和平,因而我们将拥有"**有力且无私地坚持一个公正立场的所有好处**"。①

政治决定与行动需要一定数量的调停,而首先就是外交调停:平衡以担保国为前提,费奈隆提议由天主教区的瑞士人来调停。但是他补充了另一个不那么正规的调停,即金钱的调停,以及为了避免买来人民的中立行为所存在的一切风险

---

① 在这两处引用中,着重号是我加的。

而开展的,秘密的调停。秘密是费奈隆政治的主要动力之一,这是给年轻的忒勒马科思的基本忠告以及有效政治的关键所在:如果我们想实现一个举动,"应当避免将它说出来",如果我们想协商、获取调停或争取一些暗中勾结,那么应当"秘密地"做,这个建议每一页都有。①

费奈隆的政治在真诚与秘密之间,在关系到行动结局的真诚与针对行动手段的秘密之间展开。唯有在秘密被用于驱散只是表象的真诚之时,我们才说这是自相矛盾的;但是结局与调停之间的区分,在国家事务的这一点上以及西班牙继位战争中,可能很难确立与保持。其后费奈隆所撰写的陈情书将显示出这一点。不管怎么说,费奈隆提出了伦理学及教会范畴的选择:抵抗或是放弃,甚至以逊位为代价。

---

① 费奈隆,《作品集》,前揭,卷2,第30—31页,第1014页,第1017页,第1018页,第1022页,第1027页。

逊位进退两难

几个月后,1702年年初,在1702年3月腓力五世预备出行意大利之际,费奈隆撰写了一篇致谢弗勒兹(Chevreuse)公爵的新陈情书,我们只保存了第二部分。自上一篇陈情书起,大联盟(Grande Alliance)已然明确其立场。而英格兰因路易十四承认觊觎王位的詹姆士斯图亚特三世而坚定了其敌对态度。因而1702年议会投票通过资助对抗法国的战争的津贴。这场战争甚至尚未正式宣告就开始了(1702年5月15日才正式宣战),同时勃艮第公爵于2月6日出发统领弗拉芒的军队,后者当时听命于元帅博福勒斯(Boufflers)的指挥。

费奈隆的陈情书涉及好几个方面。它谈到了人与战略的选择,此外它是被勃艮第公爵想要远距离指挥战斗的想法以及腓力五世曾经也是其学生的事实所启发。因而费奈隆思考了这场战争对于勃艮第公爵与西班牙国王这两位年轻王子的造就与声誉的重要性,但是其中不涉及法国支持这场战争的能力。这对于当时的费奈隆而言仍然是一场"完全正义的"事业,不管托尔西,博维里尔(Beauvillier)与一些政治家们对接受查理二世的遗嘱是多么犹豫。当时还谈不上放弃,更别说逊位。① 但是在随后的日子里,事情将发生变化。

在1701年至1704年间法国的胜利之后,挫败增多,而勃艮第公爵1708年7月11日在奥德纳尔德(Audenarde)的失利成为法国最严重的事情之一。军事上的困难与经济上的灾难情况,都以1709年全年法国对于腓力五世的态度转变为标志。我们对于1709年的事件掌握了相当多的信息,不仅通过正常渠道,例如圣西蒙的《回忆录》,还通过主要当事人的证词:除了费奈隆信件中的影射之外,我们还掌握了勃艮第公爵写给腓力五世的信件,国务秘书托尔西的回忆录,后者于1709年11月至1711年5月期间的日记以及一些历史学家如奥松维尔(Haussonville)或阿尔弗雷德·博德里亚(Alfred

---

① 还是在1706年,费奈隆在给公众祈祷的两篇主教训谕中赞美了腓力五世,"他受命于他叔叔的遗嘱而成为西班牙国王",所以他通过"正当的称号"得到了他的王国(费奈隆,《主教训谕集》[*Recueil des mandements*],Paris,1713,第50页,第54—55页)。1707年的祈祷主教训谕中并没有提到其他的(同上,第79页),但是在1708年和1709年,就只是宣读由大主教发布的有利于法国国王的祈祷。

Baudrillart)的作品。①

1708年至1709年这个糟糕的冬天,加上军事与灾难性的经济情况,导致人们对坚持战争的可能性提出怀疑。路易十四重新采纳了对于协商获取妥协性和平的建议:1709年3月他派遣鲁耶(Rouillé)到海牙与盟国谈判。"国家,"托尔西写道,"被难以承受的花费榨干,唯有和平才能修复如此多的不幸,而和平越快越好。"②面对和谈失败,在1709年4月召开的第一次议会中,博维里尔公爵坚持和平的必要性,没有和平大家将被推至绝境,他还第一次提到腓力五世可能遭受被其祖父路易十四所抛弃的西班牙国王的后果,即逊位。托尔西继续写道,博维里尔"运用悲怆且动人的字眼陈述了这场他无法继续支持的战争的致命后果。他明确地让大家考虑了国王为了取悦其敌人而被迫饰演的可怕角色同时接受他们强加的条件"。托尔西自己,正如同时代的曼特农夫人(Mme de Maintenon)一样,将这个外交与经济情况置于一种祭品的逻辑之中,一种面向更多新祭品的赎罪与祭品:"上帝想在镇压

---

① 《勃艮第公爵致西班牙国王及王后的信》(*Lettres du duc de Bougogne au roi d'Espagne et à la reine*),由阿尔弗雷德·博德里亚与列奥·勒塞特(Léon Lecestre)出版,Paris, H. Laurens, 1912—1916,两卷;托尔西,《回忆录》,La Haye,1756,三卷;托尔西,《未刊日记》(*Journal inédit*),由弗朗索瓦·马松(F. Masson)出版,Paris, Plon,1884。

② 《回忆录》,前揭,卷1,第182页。

和惩罚其敌人的自尊之前先侮辱他。国王,服从于上帝之命,同意新祭品。"①

敌人提出的条件因其与路易十四给予其孙的支持问题相关联而更为羞辱:要么腓力五世逊位,让位于奥地利大公;要么路易十四强迫其逊位,不仅停止支援,甚至会与之作战;要么路易十四认为有能力再一次与整个欧洲作战。这便是由此开始的争辩,而费奈隆也将加入。

盟国们似乎认为腓力五世只是完全听从于其祖父并且几乎将他排除在争辩之外:托尔西向路易十四汇报,荷兰人已然承认"陛下只需开个口,他孙子对他如此之崇敬以至于他会毫无忧虑地让出整个王国,只要陛下告诉他应当如此"。② 然而,腓力五世显示出丝毫未受盟国们对于路易十四要求的影响,同时他于1709年4月17日写道:"除非死,我永远都不会离开西班牙。无论什么事会降临到我身上,我

---

① 《回忆录》,前揭,卷1,第337—338页以及第339页。曼特农夫人在1708年12月23日给于尔森夫人(Mme des Ursins)的信中写道:"您说得很有道理,应该将所有在我们身上发生的看成是来自于上帝。我们的国王一向都是荣耀的;上帝为了挽救他而羞辱他。法国太广阔了,可能有些不太合理;上帝想将它限制在比较狭窄的界线中,这样它会更坚固。我们的国家之前傲慢而且没有节制;上帝想要惩罚打压它。"(载阿尔弗雷德·博德里亚,《腓力五世与法国宫廷》[*Philippe V et la cour de France*],Paris,Frimin-Didot,1890,卷1,第379页。)

② 托尔西,《回忆录》,前揭,卷2,第55页。

永远不会签署与我不相配的协议。"①感觉到路易十四与法国时刻准备抛弃他,腓力五世投入到西班牙人的怀抱中并将其祖父的抛弃视为团结其臣民的更高层次的动机。事实上,这是因名誉与因一位被抛弃且被剥夺了所有援助的国王的臣民不得不保卫其君王而愈发显得伟大的决心:正如在纯粹的爱的精神性中,绝望本身刺激着意愿行为。精神性,贵族荣誉与清晰的政治盘算在这里被紧密结合。腓力五世同样承认:

> 抛弃了我的法国,绝不能使我同意放弃唯有上帝才能免除的王位,如果大家认为我不能在本国臣民的帮助下维持西班牙多年的战争,那么他们大错特错,我对于人民的爱非常确定,当他们看到我祖父将我抛弃,那必然成为他们加倍忠诚与勇敢的新动力。②

路易十四的第一反应是拒绝盟国的要求,正如他于1709年6月3日所写的那样。他非常清楚这些条件强迫腓力五世放弃王国这个事实,以及他本身必须获取其孙子的同意否则

---

① 由阿尔弗雷德·博德里亚引用,《腓力五世与法国宫廷》,前揭,卷1,第341页。

② 同上,第351页。

就要对其开战,于是他决定:"不会有能够迫使我做出如此决定的紧迫情况。"①

于是路易十四决定将其军队撤出西班牙,将腓力五世留给他自己的军队,但是不愿意逼迫其孙子"牺牲自身利益与王位以换取其出生地的利益与和平",同样也不愿强迫他"将自己完全交付给西班牙人"。② 正如托尔西所清楚看到的那样,路易十四接受敌人的条件,"如果这不会用其军队,或给敌人军队让出通道,以便废黜天主教国王"。③ 然而他违心地做了决定,没有考虑对于其孙子的友情,也未将之作为其行为准则,同时他明确表示:"我给你写这封快件时是多么地厌恶自己,我多么抗拒做出如此违背血统与我一直想要的方式的决定。但是在有些巧合下,我们必须为了大众利益而牺牲自身情感:我所身处的境地要求我如此。"④

同时,勃艮第公爵于6月3日写信给其兄弟向其秘密告知法国军队离开西班牙,并为路易十四辩护,他考虑的是国家的必要且唯一的利益,他一直将腓力五世当作"亲孙子一般"

---

① 由阿尔弗雷德·博德里亚引用,《腓力五世与法国宫廷》,前揭,卷1,第355页。
② 同上,第356页。
③ 托尔西,《回忆录》,前揭,卷2,第98页。
④ 由博德里亚引用,《腓力五世与法国宫廷》,前揭,卷1,第358—359页,1709年6月24日。

疼爱,但他因"不可抗力"而不得不停止对其施援。三日后,6月6日,公爵重复了对其兄弟的友情:"正是这友情使现在的我感到同时身为兄弟与法国人是多么的痛苦,而我们的不幸竟到了将这两个身份一分为二的地步。"①1709年10月21日,勃艮第公爵在其给兄弟的信中强调了"责任约束与血统约束的不兼容性",同时幻想可以"将其时间分配,时而是法国人,时而又只是兄弟",但是这只是再一次强调了和平的必要性,同时他补充道:"我们往前走得越远,和平的代价就越大。"②

路易十四撤回军队与停止支援孙子的貌似真实的决定可能会招来两种阐释:第一个是路易十四自己的阐释,他将之视为第一步,或是对于腓力五世施压的手段,以便后者认识到在没有外援的情况下保住王位的不可能性以及为了确保和平而逊位的必要性;因此,自1709年6月26日,路易十四写道:"只要他仍待在西班牙王位之上,这场战争是不可

---

① 《勃艮第公爵致西班牙国王及王后的信》,前揭,卷2,第15—16页以及第19—20页。
② 同上,第34—35页。见勃艮第公爵于1709年11月4日给他弟弟的信:"我们强烈地感受到了这场期盼已久的和平为我们带来的负面影响。"

能结束的。发布这个声明很艰难,但它是真实的,同时他必须了解到这个真相。"①另一个阐释是盟国的,他们不相信简单无条件撤回法国军队的决定的诚意。不管怎么说,在等待腓力五世最终决定的过程中,路易十四只能拒绝盟国的条件,因其排除了与其孙子开战的可能性,同时他的反应与后者相似:他呼吁人民,诉诸大众舆论,这股力量的重要性当时不断扩大,同时写信给外省总督解释其维持战争状态的决定。

这个暧昧不清的决定,撤回军队却不逼迫腓力五世逊位,就算它是以可接受的荣誉观念为基础,也无法满足那些认为为了必要的和平可以不惜任何代价的人,或是认为抛弃西班牙国王非常可耻且在政治上致命之人。对于前者而言,应当接受盟国的一切条件,甚至与腓力五世开战;托尔西在其《回忆录》中如此写道,和平"在法国是如此被渴求,以至于几位功勋卓越、位高权重的杰出人物,在尚未阅览预备性条文之前,便不同意在拒绝条款上签字。他们的判断是建立在对于王国和平的极度渴求基础之上的"。② 在不惜一切代价追求和平的人中就有曼特农夫人,在1709年写给于尔森夫人的信中,

---

① 载博德里亚,《腓力五世与法国宫廷》,前揭,卷1,第360页。
② 托尔西,《回忆录》,前揭,卷2,第223页。

她夸大了法国的精疲力竭:"当看到军队与人民正在饿死的时候,夫人,还有勇气吗?"[1]据称勃艮第伯爵本人也支持不惜一切代价换取和平,但是,正如我们看到的他写给兄弟的信,他的立场与路易十四相去不远。这些敦促无条件和平的人可能激怒了路易十四,他于1710年1月27日指责他们"因其向敌人显示出不惜一切代价缔结条约的渴求而把一切都搞糟了"。[2] 这个指责似乎针对博维里尔与托尔西。

与此有理有据的和平派相对立的是坚定派:1709年9月的马尔普拉凯(Malplaquet)战役证明了法国在军事上不可能被打垮,英国人与马尔伯勒(Malborough)当时已然认识到这一点。此外,在西班牙,以于尔森夫人,西班牙王后的心腹为首的一派,敦促法国支援西班牙,并宣称一场战役便可以将奥地利大公的军队赶出巴塞罗那;他们同样认为路易十四抛弃西班牙的后果不仅是围绕在腓力五世周围人民的振作,还有对于法国持久的怨恨,甚至会激起西班牙对法国开战。

谈判于1710年年初拉开帷幕,荷兰人提醒道,和平不会降临,除非路易十四让其孙子逊位,要么说服,要么通过武力,这个条件逐渐让所有的部长都退让了。[3] 如果费奈隆尤其被

---

[1] 由博德里亚引用,《腓力五世与法国宫廷》,前揭,卷1,第380页。
[2] 同上,第376页,根据托尔西1710年1月27日的日记。
[3] 同上,第376页。

他所熟悉的前线地带的灾难与废墟所震惊,如他当时写给谢弗勒兹公爵的好几封信中所反映出的那样,①让我们了解到他对于呈现在法国与西班牙面前的关键性问题的立场的还是他于1710年年初撰写的陈情书。这些问题的核心便是腓力五世可能的逊位问题。②

---

① 费奈隆1709年12月5日给谢弗勒兹公爵关于军队糟糕的状态的信(费奈隆,《通信集》,前揭,卷14,第176页);1709年12月19日同样是给谢弗勒兹公爵的信,关于和平的先决条件(同上,第179页);1710年2月10日给同样的人的信关于一场战斗而使国家灭亡的危险(同上,第205—206页);1710年2月23日关于拒绝"接受盟军的条件,除非[法国]处于完全绝望的境地"(同上,第210—211页),费奈隆表达了一种"受过良好教育人"的意见。

② 费奈隆,《作品集》,前揭,卷2,第1034—1044页。

吁请国王献祭

在其第三本陈情书中，费奈隆再次提及且扩展了他多次写给谢弗勒兹公爵的内容——而这也出现于勃艮第伯爵本人也曾写信给其弟弟的信中：经济困难阻止了支付与维持军队，因而军队造成的混乱，农业与城市的贫困，难以承受大车运输，暴力，走私，蔑视政权的重压的人民的悲惨。同时，在费奈隆看来，普遍期待的是"不惜一切代价结束战争"。在这些情况之下，只需要将和平的条件与战争的不利相比较：如果没有任何军事胜利的机会，我们就应当选择和平："善良的法国人所期待的国王的唯一荣耀，便是在这种极端情况下，他鼓起勇气面对自己，慷慨地牺牲一切，以拯救上帝托付给他的这个王国。"①

---

① 费奈隆，《作品集》，前揭，卷2，第1037—1038页。

费奈隆在这里向路易十四发出的献祭的请求没有为过去的错误赎罪的意思;事实上,1710年4月7日,在给谢弗勒兹公爵的一封信中,大主教指责勃艮第伯爵,以一种不合时宜的虔诚,抛出了这个有损于其祖父声誉的论据:

> 我刚忘记告诉你,一个来自凡尔赛宫的人对我说,据称勃艮第伯爵对某个人说了,而这个人又告诉了其他人,即法国现在所遭遇的痛苦来自上帝,他希望我们为曾经的错误赎罪。如果这位王子说了如此的话,那么他便是没有谨慎对待国王的声誉。我们对一份转而攻击自己祖父的虔诚感到很受伤。①

如果说出现在费奈隆陈情书中的祭品与赎罪意图相区分开了,这仍然是一条面向君王"拯救"其王国的献祭之路。君王注定要为其人民献祭,他没有权力将其人民置于祭台;要献祭的是他自己:正如费奈隆在其陈情书中所明确的那样,"他没有权力将其王国置于危险之中,因其是上帝所授,也没有权力将其置于敌人侵犯的危险之下,如某样他可以随心所欲的东西一般,他只能如父亲一般统治它,同时如一份珍贵的保管物将之传给其后人"。②

---

① 费奈隆,《通信集》,前揭,卷14,第226页。
② 费奈隆,《作品集》,前揭,卷2,第1038页。

事实上,根据法国君主制由来已久的理论,国王并非王国的所有人,他只是保管人,同时他应当完好无缺地将其交给其继承人。他将自身作为祭品是为了拯救其人民的牺牲:唯有他本人才能为了他人而"牺牲自我",他即是牺牲者又是献祭人,这种牺牲是其"勇气"与其种族"慷慨"的标志。但是这是一种意味着国王不能牺牲他人,即使是为了拯救其人民的自我牺牲。

当时提出的问题便是西班牙国王的接受问题,费奈隆试图解决它:腓力五世是否会同意为了西班牙人民以外的人民而牺牲自我?那么怎样说服他呢?

费奈隆提议打破西班牙国王"救援的一切希望",但绝不与之开战;在极端情况下,其祖父唯有让人绑架他才能免除其被俘虏的耻辱。因而,被剥夺希望,年轻的国王会感到"为了和平牺牲自我的绝对必要性"。祖父为了其人民的牺牲以带动,模仿与说服的效应将成为孙子的牺牲。然而说服需要一个调停人,对其费奈隆列举了才能:"睿智,忠诚,美德众所周知,值得信赖,且口才好"[①];同时他不仅要面对腓力五世,还要面对西班牙议会与大公。

这里是一份双重演说:一方面,说服腓力五世同意牺牲,另一方面,让西班牙人认识到离开他们的国王是对其有利的;

---

① 费奈隆,《作品集》,前揭,卷2,第1041页。

这是两份自相矛盾的演说,我们无法确定费奈隆衡量了这个矛盾性。事实上,调停人的演说应当称颂西班牙人的"慷慨",他们牺牲了自身"明显的利益"而支持腓力五世的方式,但他随后应当保证路易十四唯有在国王掌控完整的西班牙王朝的条件之下才会将其交付给他们,这是唯一可以证明西班牙人对其王子的要求合理性的"好处"。路易十四,无法为西班牙人保存一个完整的王国,将其交还给他们:西班牙人曾将王国托付给他,他将之交还给他们,同时西班牙人将其孙子交还。从而出现了一个惊人的交换:路易十四曾经将其孙子托付给西班牙人保管,西班牙人也曾将其王国托付给路易十四保管;这个孙子,作为这场交换的"保管的担保",只是法国国王获取财产的保证金。当保证金成为欧洲,成为西班牙与法国的混乱、痛苦与危难的缘由,那么他应当被归还。在这个交换的描述中,被抹杀的是孙子的王权,自主性,西班牙人与他之间直接关系的可能性,以及孙子为其人民牺牲自己的假设。如果腓力五世可以——在费奈隆看来,他应当——牺牲自我,这只是因其祖父的意愿,而非其人民的意愿,因为即使是最终的献祭对于他都是被禁止的,法国国王将如解围之神一般在极端危难之时将其掳走。

  费奈隆上演的这出献祭将腓力五世的王权变成可废除的表象,可以"归还"的"东西"。它暗示了唯有法国国王,路易十四,其子孙除外(王太子直至1711年4月才逝世),才是真正意义上的"国王"。然而国王的献祭是唯一可能且有益的,同时正是国王,通过强迫其孙子牺牲自我,由此事实避免了这个孙子的真正献祭,国王的献祭。事实上,路易十四对腓力五世所要求的并非为了其人民——西班牙人民——为了其王朝(它被托付给路易十四)而献祭,而是"为了拯救法国"的献祭。

费奈隆所期望的路易十四的举措所引入的机械论,将使西班牙认识到其"真正利益"同时确保西班牙不受"屈辱"以及法国国王的"高贵"与"真正的勇气"。费奈隆并非不清楚这对于路易十四来说,就是"亲手废黜其孙子",但他确信,在现在的环境下,这样做不会有任何的耻辱,反而会显出高贵。① 我们看到费奈隆提出的行动中有一种一分为二性;高贵并非在行为本身之中——废黜自己的孙子——而是在行为的方式之中,不在行为内容之中而在行为方式之中。可耻的行为变得高贵,若此献祭是为了法国,若这是放弃表面与骑士风度的荣耀,放弃血统与种族的选择:荣耀表面上的失去变为真正高贵的条件,此高贵源于大公无私,源于法国国王对其人民的忠诚。处于次要位置的是,我们辨认出了费奈隆精神性的中心点,大公无私,自我牺牲,以及民族主义情感的力量与法国救赎的考虑。

---

① 费奈隆,《作品集》,前揭,卷2,第1042页。

为了拯救法国而逊位

这第四篇陈情书,与之前一本非常类似,可能写于获知了盟国要求之后,即 1710 年 5 月或 6 月。托尔西的日记与回忆录,使得我们可以观察到 1710 年 7 月 25 日参战诸国协商奔溃后法国反应的变化。在其日志中,托尔西不停强调"和平的必要性",军队的状态以及"王国可怕的灾难"①;1710 年 4 月 30 日,他写下了这些文字,费奈隆可以作为其见证人:

> 孟德斯鸠(Montesquiou)元帅[……]急匆匆撤回康布雷(Cambrai)。据说步兵状态也很糟,而且可能比刚进入冬季宿营时更糟,而骑兵几乎难以保持队形。所有人,

---

① 托尔西,《日记》,前揭,第 153 页,1710 年 3 月 26 日。

骑兵与步兵,都营养不良,看上去更像是幽灵而非活生生的人类;马匹稀少,饿得没力气站着。①

在议会上,博维里尔公爵反对托尔西提出的对西班牙国王开战的建议,同时勃艮第公爵"作为一位胸怀怜悯与宗教格言的王子"②进行讲话。但是,在托尔西看来,这二人都没有提出当前情境的解决方案。对于腓力五世开战的可能性与此决定的合法性问题成为争论的焦点;国王与勃艮第公爵"就为了给予法国和平而向西班牙开战的公正或不公正"咨询了索邦大学;至少这是4月23日议会的回应,因为"这些所谓的咨询同样被否认了。它们仅限于两位心腹。国王尚未咨询其智囊团,他只是对其谈论了流传的谣言"③。

1710年5月11日,召开了戏剧性的一次议会,其间就对路易十四孙子开战的可能性展开讨论。全权外交代表暗示了协商的再一次中断,从而问题被简化为两个问题:争取和平的必要性与手段。博维里尔公爵基于"前几日"④谢弗勒兹公爵

---

① 托尔西,《日记》,前揭,第169页。
② 同上,第156页。
③ 同上,第168页。国王的忏悔师是勒·泰利埃(Le Tellier),勃艮第公爵的忏悔师是马蒂诺(Martineau),两人都是耶稣会教士。
④ 是不是应该想到谢弗勒兹公爵的这篇陈情书就是费奈隆在4月24日或是5月3日之前寄给他的那一篇?或者是不是在收到费奈(转下页注)

提供的一篇陈情书就第一点发表看法。关于获取和平的"手段",托尔西写道,谢弗勒兹公爵的陈情书的明确的目标在于:提供金钱给盟国,以便其与腓力五世开战,如果后者不同意对其王国的分配。在博维里尔公爵陈述了这个问题之后,国王"咨询勃艮第公爵的意见"。后者,在托尔西看来,"当其必须表明态度时转弯抹角。他说,良心阻止其向西班牙国王开战与提供金钱给敌人以便他们掠夺其王位。然而,国家需要和平。在一片困惑之中,这位情感优秀且富睿智的王子,如果他表现得仿佛因自身的光环而头晕目眩,无法走出迷宫亦无法决定其应当采取的立场,却没有反对普遍意见。[……]于是国王谈论了勃艮第公爵的顾忌,同时并未称颂总是将好或坏的良心应用于一切国家事务的做法"。①

1710年6月1日,新一轮议会中,博维里尔公爵似乎仍然认为"对西班牙国王开战是不应当的",但不再坚持;同时勃艮第公爵仍然提出"良心",却也不再坚持。似乎路易十四脑中已然有了决定。② 于是盟国提出了新的条件,国王与勃艮

(接上页注)隆的那份陈情书后,谢弗勒兹公爵才开始撰写一篇陈情书?见费奈隆在《通信集》里的通信,前揭,卷14,第229—230页以及第233—234页。不管怎么说,谢弗勒兹陈情书中的方法,在托尔西看来,与费奈隆在第四篇陈情书中所说的不同,这也是我们将看到的。

① 托尔西,《日记》,前揭,第179页。
② 同上,第192—193页。

第公爵于6月21日同意每月支付100万以便其与腓力五世作战,而托尔西仍然坚持王国与军队的灾难状态。① 但6月28日,盟国提出了一个新要求:路易十四独自向其孙子开战。这些条件被认为是无法接受的,导致了协商的破灭以及全权外交人员7月25日返回巴黎。

☆

费奈隆的第四篇陈情书正是在协商结束的背景之下,我们应当寻思对腓力五世被要求的逊位问题,他所带来的新观点。

费奈隆认为盟国提出的路易十四对腓力五世开战的要求是企图对法国国王施压,目的在于使其"运用最为有效且决定性的方法"召回其孙子,但说到底,他们不相信路易十四愿意"玷污自己的名声,通过对其孙子开战这一羞耻的举措夺取他给予的王位"。② 因而,对腓力五世开战的要求只是谈判中的一出,通过哄抬价码,掩饰盟国的真正意图。此外,如果对年轻的王子来说,强加给国王的对其孙子作战的要求可能会激起朝臣与人民的"短暂的同情",那么这种情

---

① 托尔西,《日记》,前揭,第206页。
② 费奈隆,《作品集》,前揭,卷2,第1045—1046页。

感很快就会遭遇饥荒与灾难的事实,而同情也无法构成政治的基础。

费奈隆论证的出发点所构成"基础"的假设,是这样一个事实,"法国处于极端危险的边缘"。然而,根据一个并非费奈隆独家创意的运动,但其神秘主义理论与其对于最近精神考验状态的思考中也有同样的内容,即引起行动的决定源于极端危难本身。正是"绝望"使我们决定立场。同时,在现在的情况下,决定取决于不可能有一个可以避免灾难的解决办法,同时将绝望作为行动所想要的选择:

> 我承认,我们应当懂得尊严地采取绝望的立场,当没有其他任何选择之时,但这是在缺乏其他可考虑的立场的情况之下,当涉及整个民族与整个国家时,我们被迫舍弃小我。①

如同上一篇陈情书一样,费奈隆提出,国王不能"为了一个孙子的个人利益而将法国置于危险之中"。他的论据以法国传统的王权概念为基础,与他及其所有当代人在别处呼吁的"专制主义"相对立。国王并非其王国的所有者,他拥有其

---

① 费奈隆,《作品集》,前揭,卷2,第1051页。

"使用权而非产权",他只是如享有寄存物一般拥有它并将其移交。这是将"王国安全"置于当时被视为"个人利益"的家庭成员权利之前。从而我们有了两个层面的区分,一个可以被称为个人,另一个则是主权,注意将之与可能会歪曲我们视角的私人与大众相区分。君王的责任就是以从属关系,甚至是个人牺牲来服务其王国:这里便是合法性,公正,荣誉以及道德心准则。作为个人的国王在王国的使用权享有人的职能面前消失了;从前费奈隆在迪翁(Dion)和革隆(Gélon)之间的《死者对话录》中已然告知路易十四的孙子们:"人不应当统治。他应当满足于让法律统治。如果他将王权视为自身,那么他会使其变质同时迷失自己。他行使王权只是为了维护法律与人民财富。"① 从而,某些王权行为要么属于国王职能范畴,要么属于君王的"个人利益"范畴:保证王国的安全与完整属于"公正且真诚的"国王职能范畴。但是涉及分割协议与查理二世遗嘱的举措,费奈隆认为,只要其旨在将一他国交予皇家年幼成员,就属于个人利益的范畴。

费奈隆不得不承认的结论是:为了确保法国的拯救,召回西班牙国王。剩下的便是为确保此结局找到方法。正如在上一篇陈情书中那样,费奈隆考虑说服同时他想象了路易十四

---

① 费奈隆,《作品集》,前揭,卷 2,第 352 页。

的使者对腓力五世及西班牙人可能发表的演说。然而,这个演说包含了一些对于腓力五世登上西班牙王位的法律基础带来疑问的新论据。这些论据针对王位的放弃:腓力五世在仍是安茹公爵时,作为弟弟,在费奈隆看来,不享有任何"直接权利";从而他之所以能够接收王位,只是由于国王与王太子的"无偿让与",①他的祖父与父亲被费奈隆称为"他的父辈们"同时也是"他的恩人们",他们给予了他一次纯粹的恩赐。同样,国王不仅是首要捐赠人,也是最高组织者;安茹公爵的父亲将其对于路易十四首先让与的王位的权利让与儿子也是在其命令之下。从而,腓力五世,安茹公爵,处于自查理二世直至他这样一个无偿让与的尾端:自查理二世到路易十四到王太子直至安茹公爵。路易十四,作为西班牙国王腓力五世的祖父,不仅是赠与的倡导者同样也是"批准"转让之人。然而腓力五世保留了他对于法国王位的权利,因而西班牙王位这个无偿赠与没有改变王子的根本权利以及对于其生来便被注册的王朝的隶属关系。在这种情况下,迫使他"选择拯救法兰西王国而放弃其对于西班牙王国的权利"的正是天性,感激与最重要的责任。费奈隆逊位法学论证的中心以腓力五世未放弃对于法国王位的权利为基础,相对于自然所赋予他的对于

---

① 费奈隆,《作品集》,前揭,卷2,第1052页。

法国的权利以及随之而来的一切责任而言来说,后者损害法国利益而给予西班牙优先权只能代表"个人利益"的观点。在费奈隆的陈情书中,除了这个基本论据,还添加了一些实际考虑,法国有效放弃的后果。但这些论据的意义与上一篇陈情书中的大相径庭,只涉及抵抗的不可能性,而非抵抗的权利或公正性。

中心论据是腓力五世对于西班牙王位的权利的"传递"性,因而这个无偿捐赠是暂时的——因其未得到失去法国王位的补偿,即没有失去他对于其祖父的隶属关系——他的逊位不可能取决于他自己或其个人利益,而是"必然处于国王的掌控之中":路易十四"只需想要他如此便可实现"。[1] 一切回归至法国国王,正如一切由其开始:以前决定将其孙子送上西班牙王位;今日决定令其逊位同时将其召回。

费奈隆第四篇陈情书的补充部分明确了使者的个性,他可能"说服,不是西班牙国王(因为,如果他只剩一人,其祖父的一个小命令对其就足够了),而是王后,他应当对于来到法国生活感到绝望,据说,她憎恨我们的民族(而这似乎确有其事),她对其国王丈夫影响巨大"。[2] 这个评语进一步肯定了

---

[1] 费奈隆,《作品集》,前揭,卷2,分别为第1055页和第1056页。
[2] 同上,第1057页。

这篇陈情书明确所指,即曾经的老师对于西班牙国王的个性力量的毫不尊重与后者从法律意义上的抹杀,在费奈隆看来,其自愿或是被迫的抹杀,即逊位的条件。

谢弗勒兹公爵与"王子的忠诚"

谢弗勒兹公爵,费奈隆的朋友,对于后者陈情书的评论很重要,即使我们无法肯定这是对于我们所保存文本的评论。无论怎样,公爵的论据,与其所揭示的王朝继承与腓力五世权利的观念使得我们可以更好地理解西班牙国王逊位的假想所激起的争论的意义。

谢弗勒兹公爵的第一个看法涉及君王放弃的模式,同时,在西班牙的情况之中,继承的构成与特性。从而公爵可以确定"腓力五世直接继承自前两位国王",他们于 717 年左右开始重新征服西班牙。这个继承法使得国家听从于某个家族或某个血统,不能因时效结束而取消或废除:遗嘱或放弃(奥地利的安娜或玛丽-泰蕾兹的放弃)都无法干预,代替前任君王之人或是国家本身都无法改变这条基本法律。谢弗勒兹公爵对之有异议的反对意见,针对的是要了解为何路易十四的儿子,王太子,或是其兄长,勃艮第公爵,在查理二世死后没有被任命为西班牙国王。在谢弗勒兹看来,"正如国王放弃王位是允许的,更何况这两位王子可以以个人名义放弃他们尚未获取的西班牙王位"。此外,他们可能的后代,于此放弃行为之后出生的,不能享有任何权利,因为他们的父亲,由于放弃了自身权利,在他们出生之时已不再享有任何权利。事实上,王朝的一条基本准则就是无空缺,权力的连续性:继承不能等待,它"在每个人死时是不受干扰且不会延迟的";它是"立即生效的",因为"国家不等待"同时"必须有一位活生生的国王立即继承死去的国王",康托洛维茨强调的原则表述:"国王永远不死。"①这种基本的连续性的后果,便是放弃是不能改变的:放弃了其权利之人——王太子,然后后者的兄长,勃艮第公爵——不能再将其取回,而"获得"此权利之人及其后代都享有此权利。归根结底,腓力五世不可逆转地享有其对于西班牙王位的权利。

对于我们是否可以强迫腓力五世离开西班牙这个根本问题,谢弗勒兹公爵提供了一个在他看来决定性的回答。由于

---

① 见费奈隆,《作品集》,前揭,卷2,第1060页;以及康托洛维茨,《国王的两个身体》,前揭,第34页。

被"交予"西班牙,这位王子"被免除了所有其他的义务",他唯一拥有的"责任与关注"仅限于国王、王太子与勃艮第公爵"为之效忠"的国家。①

这里谢弗勒兹公爵应用的"忠诚的"这个词汇应当,正如我们之前陈述的那样,正确理解,孚雷蒂埃的字典对其有表述:"单词 devouer 由拉丁语 devovere 而来,拥有宗教意义,意指如祭品一般牺牲、奉献。"他用了我们研究过的事例:"对于罗马人而言,指的是当某人为了国家牺牲自我,比如德西乌斯。"②谢弗勒兹公爵认为,让安茹公爵成为西班牙国王腓力并不属于有条件的赠与,即某件被"托付"且可收回的东西,这涉及的是一位"虔诚的"祭品的牺牲,完全被奉献,没有再收回的可能性。③

献祭被呈现在费奈隆与谢弗勒兹两人的视角之中,但以完全不同的方式被应用:对于费奈隆来说,西班牙国王应当为了和平而牺牲并逊位;对于谢弗勒兹公爵而言,王子已然完成了献祭,当他被任命为西班牙国王之时,他便贴合了国家的命运,同时这个献祭将其与其父辈们的国家分割开来,并免除了其对于其家族与祖国的一切责任及关注。从今往后,他只能

---

① 费奈隆,《作品集》,前揭,卷 2,第 1062 页。
② 见前文第 2 章。
③ 费奈隆,《作品集》,前揭,卷 2,第 1042 页。

考虑这个他被牺牲且奉献的国家,甚至有损于法国。这不涉及"自身的崇高",自身的利益,而是作为国王,他全身心"奉献"给的国家的利益。这不会使逊位变得不可思议,但它只能以西班牙国家这一边的某种放弃的形式进行;放弃国王的决定只取决于它。然而,如果它宁愿保留这位国王,"其唯一的责任则是灭亡而非放弃之。"这个判断并非意指,就逊位这个事实本身,谢弗勒兹公爵与费奈隆有根本差距,而是指公爵认为,这个逊位不仅应当是"自愿的"而且应"由其臣民所赞同",①由此产生双重说服的必要性,一方是国王腓力五世,另一方是西班牙人民。

---

① 费奈隆,《作品集》,前揭,卷2,第1063页。

自愿献祭

　　费奈隆最后一篇陈情书正面着手了腓力五世对于西班牙王位权利的合法性问题。① 其中，费奈隆重申了谢弗勒兹公爵的论题，在后者看来，腓力五世是"真正的国王"，因而独立于其祖父，后者没有任何权利要求他逊位。但费奈隆对此论题提出了好几个反对意见。

　　第一个反对意见便是这只是为了说服西班牙国王与西班牙人民什么是"真正的利益"，以便前者不会灭亡，而后者不会陷入一场毁灭性战争之中。第二个反对意见针对的是玛丽-泰蕾兹对于西班牙继承的放弃行为。费奈隆由此放弃的无效性引出了后果，同时提出迫使我们信服的无效性原则更对于

---

① 费奈隆，《作品集》，前揭，卷2，第1068—1073页。

从前为了其弟弟腓力三世——第二次婚姻的子女同时是玛丽-泰蕾兹的长辈——的利益而放弃其权利的卡特琳娜的萨伏伊。①

对于我们更为重要的是费奈隆的第三个回应,它点出了"个人"的放弃与结果影响"整个民族"的放弃之间的重要区别,也是两种权利之间的区别:一方面,权利的建立基础是"依据地方习俗"的,这就取决于"具有家族领域";另一方面,"至高无上的权利是人权"。② 从而"人权"才是标准,对于费奈隆而言,玛丽-泰蕾兹对于西班牙继承的放弃应当以此标准来衡量。"人权",这是一个暧昧不清的概念与表述:人权,即 jus gentium,源于古罗马人的权利概念与 16 世纪神学家,而对于后者,它又区别于"天生的权利"或是 jus naturale。圣托马斯认为,人权只是先于人在社会中的聚集与组织的天生权利的一部分;而维多利亚(Vitoria)认为,社会法则是由所有人与人之间的法律(jus inter omnes gentes)所制定;而对于苏亚雷斯(Suarez)而言,在这两者之间就存在着对立:天生的权利是永恒的,不受时效约束的,而人权则以习俗为基础同时建立国家之间的关系。

费奈隆的表述促使我们关注格劳秀斯在其 1625 年首次

---

① 费奈隆,《作品集》,前揭,卷 2,第 1068—1069 页。
② 同上,第 1069 页。

出版的《战争与和平法》(De jure belli ac pacis)中对于这些问题的思考所建立的重要时刻。在序言"对于普遍法的确信"中,格劳秀斯写道:

> 每个国家的法律都与其自身利益有关,所有国家,或至少是大部分国家的一致认同,产生了某些共同法律。同时看起来,建立的这些以实用性为目的的法律,并非以某个具体的组织对象,而是针对所有组织的庞大的汇集。这便是人们口中的人权,区别于天生的权利。①

从而,对于格劳秀斯而言,除了天生的权利与每个国家个别的权利之外,还有"人民之间的权利"。格劳秀斯认为,人权与天生的权利是有别的,但又彼此关联,人权应当遵循天生的权利,而后者,因其是永恒的,则以理性为基础。此外,格劳秀斯定义了人权:"因所有人民,或至少大部分人民的意志作用而获取的强制力。"另外,他还明确了其内容,即"体现人民之间的总体社会所要求的"法律与习俗。②

费奈隆在其陈情书赋予"人权"这个表述的意义似乎与格

---

① 格劳秀斯,《战争与和平法》,前揭,卷1,第17页,第18段。
② 同上,liv. I, I,第14段,脚注4,卷1,第74—75页以及 liv, II, VII,第1段,脚注3,卷1,第411页。

劳秀斯的相当接近;这并非无关紧要。不管怎样,对他而言,腓力五世权利的问题正是在这个与人民之间关系相关联的权利领域。继承的问题,如放弃、逊位问题一样,并非针对一些拥有"一片牧场"或"一个葡萄园"的个人提出,而是针对作为一个民族的首领的君王:涉及人权的和平条约要比属于民权领域的婚姻契约优越得多;这个"优越的法则"凌驾于"法学家们为了个别家庭所援引的一切法律"①之上。

"人权"考虑的,正是费奈隆所宣称的——1710年6月24日他写给谢弗勒兹公爵的信中已然使用了这个表述,且出现于其第四篇陈情书——《欧洲的平衡》中。② 这个平衡是关系到国家之间关系的费奈隆政治的根本原则,看似是一切乌托邦或好的胜利的否认或回退,实则建立了一个新的乌托邦的轴心,在费奈隆之后,神甫圣-皮埃尔于1713年也在《欧洲永久和平的方案》(*Projet pour rendre la paix perpétuelle en Europe*)中描绘了此画面;然而,神甫远远超出了平衡的原则,直至欧洲国家的真正联盟。③

---

① 费奈隆,《作品集》,前揭,卷2,第1069页。
② 费奈隆,《给谢弗勒兹公爵的信》,载《通信集》,前揭,卷14,第248页;以及《第四篇陈情书》,载《作品集》,前揭,卷2,第1050页。
③ 神甫圣-皮埃尔《欧洲永久和平的方案》,Utrecht,1713,卷1,第35和36页:"平衡体系的脆弱与无用"。见由西蒙内·戈亚尔-法布雷(Simone Goyard-Fabre)重新整理的版本,Paris,Garnier,1981,第143—144页。

费奈隆排除了个人之间现行的权利所引出的一切论据——赔偿,聘金的支付,等等——以便提出其他一些可以证明国王在放弃时是作为国王而非父亲行事的论据,这正是康托洛维茨就"两个国王的身体"概念所写的长篇故事的结论。如果这片陆地上,从来没有如英国一般的"两个身体"的"生理学的"概念,那么这里存在着一个虚构的想法,"王位"——虚构的人物,以国王的名义对一职能的拟人化;这里通行的是国家的抽象概念,王子被等同于国家,这与一切合并概念无关。① 但是,在所有情况下,王位是公众遗产而非个人遗产的目标,同时在君王与其继承人之间通行的并非支配个人遗产的规则。诚然,绝对的王权旨在融合君王父亲与国王的两个身份,但我们必须强调的是在费奈隆的陈情书中,这二者的区分被认为极其重要。这个区分使得我们可以确立放弃的有效性,不仅是玛丽-泰蕾兹的,还有王太子的,勃艮第公爵的以及后者长子的放弃的有效性。然而,如果玛丽-泰蕾兹的放弃是有效的,那么其后代则对于西班牙王位不再拥有权利。②

在这个决定性的论据之上,费奈隆还添加了其他一些法学论据:同意瓜分协议之后,路易十四不能做出接受查理二世

---

① 费奈隆,《作品集》,前揭,卷2,第1070页。康托洛维茨,《国王的两个身体》,前揭,第32页,也见第277页。
② 费奈隆,《作品集》,卷2,第1071页。

遗嘱的自相矛盾的决定。此外,腓力五世没有放弃其对于法国王位的继承权利;由此事实,他与法国王位有着优先的联系同时对这个未曾放弃的王国负有责任;作为王位继承人的权利因而为他造成了对于路易十四——既是他的祖父,又是法国国王——的责任。更有甚者的是,他不可能"替其后人"放弃继承法国王位:如果他有替其后人放弃的权利,那么他便破坏了使其得以继承西班牙王国的原则的根基;费奈隆在这里陈述的法学论据非常重要,使其逐步得到结论,即腓力五世对于西班牙王位的权利不能得到支持。

费奈隆还补充了在其第四篇陈情书中已然涉及到同时谢弗勒兹公爵对之提出异议的另一个论据:造成法国国王与王太子,家庭与法国王国的毁灭,他是多么忘恩负义,要知道给予他的一切只是出于"纯粹的好意"。①

然而这两个论据是彼此关联的:如果腓力五世没有王朝的权利,他所拥有的王国并非托付给他的,而是可以说成借给他的,如"个人的"特别赠与。从而他总是与其祖父、父亲联系在一起,这些关联是其西班牙国王的新头衔所无法打破的,因为他无法在放弃其对于法国王位的权利的同时不放弃西班牙王位!这里涉及的是"天性","天生的权利",即其自出生之日

---

① 费奈隆,《作品集》,卷2,第1072页。

其便拥有及因与父亲及祖父的关系而拥有的身份所赋予的。正如他在上一篇陈情书中谈及人权那样,费奈隆于此谈论的是天生的权利,比人权更为广泛,而在格劳秀斯看来,先于后者。以上帝的话与《圣经》为基础,天生的权利关系着,用格劳秀斯所引用的一位古代法学家的话来说,大自然确立的人与人之间的"亲族关系"。因此,孩子对于父母必须的顺从属于天生的权利。①

在确定腓力五世对于西班牙王位没有真正的权利之后,费奈隆可以再一次——但暂时不打算考虑权利与义务之间的冲突——肯定西班牙国王应当"为了拯救法国泛起其对于西班牙的无论好的还是坏的权利",同时最终发展出作为其所有论据背景的"献祭"的思想体系:"宗教,勇气,对于国王与王太子的感激,对法国及其家庭的热忱的英雄主义行为。"西班牙国王"拒绝此献祭将不可原谅";他不用牺牲西班牙,"他只需牺牲其伟大的个人",然而"整个法国的拯救[……]看似取决于这个献祭"。②

---

① 格劳秀斯,《战争与和平法》,序言,第 14 和 15 段,前揭,卷 1,第 15 和 16 页。我们也要提及格劳秀斯的定义:"一些正确理性的原则,能让我们知道一种行为在道德上是诚实的还是不诚实的,根据的是它在理性和社会性自然中的合适与不合适"(同上,I,I,第 10 段,脚注 1,卷 1,第 64 页)。

② 费奈隆,《作品集》,前揭,卷 2,第 1073 页。

与第三篇陈情书中所精心计划的相反,法国国王的顾虑不再是前景:从今往后,只涉及腓力五世与其"自愿离职"。这里的词汇值得斟酌:逊位行为的"自愿"性确保了其价值甚至——用于圣人美德的标准表述——英雄主义。从而献祭不是面对不得不如此的情况下的逃避,而是自愿选择离职,回退至其自然状态,自愿选择失去自我,失去其权威与一切"个人"的东西。然而,这是一种救赎性的献祭,它所确保的救赎,并非"个人的"救赎,而是法国的救赎,自出生之日,根据一项未被放弃同时不能让与的权利,腓力五世便将自己奉献给了这个实体。远非谢弗勒兹公爵所坚持的,西班牙国王已然被"奉献"给其新的王国,腓力五世因自然的联系,即血统、祖国与感激的联系,仍然与其家庭与国家保持着关联。

从而献祭看似既是可行的又是挽救其荣誉的唯一方式。在这个自愿献祭中,我们可以辨认出费奈隆精神性的主要特征,这是在勃艮第公爵死后,当费奈隆建议博维里尔公爵献祭(如果后者成为路易十五未来的导师)时所表达的。[①] 献祭的内容是"权威"及"个人"的东西,这些都是主要错误的信号,虚妄的获取与拥有自我的"精神学的"标志。通过将西班牙国王的献祭定义为"其自身权威"的献祭,费奈隆借助这些词汇定

---

① 费奈隆,《作品集》,前揭,卷2,第1115—1116页。

义了摧毁人身上使其与"好"分离的一切完美行为。此外,在这个对于献祭的邀请之中,我们注意到某种与权利的脱钩:无论腓力五世的权利是"好的或是坏的",人的牺牲在所难免,服从于法学逻辑之外的另一个逻辑。这并非指的是放弃我们无权拥有之物,而是牺牲我们对其拥有权利之物:献祭的目标正是合法的拥有。

献祭不仅是"自愿"行为,而且在某种意义上来说,是完美的行为,它能在自身汇集一个行为的所有动机与其所面对的所有人或实体、上帝、国王、父亲、祖国、法国、家庭,同时这个完整的行为牵连着道德、宗教、勇气、感激与热忱的整体。一个完整的行为,可以说成是在平常的情况下难以遇到的行为,必须是"绝境"才能使其成为可能。但是,同时,正是这"绝境"赋予了其完整性,如对于绝境的回答,以及其牺牲性:整个行为"被提出",并由此出现了完成此行为之人,那么这个非比寻常的行为既不在于提出,也不在于被提出,而在于"放弃自我":这是对自我,对其拥有与存在的"放弃"。

费奈隆让我们更加深入地思考王权与献祭之间的紧密关联。事实上,这是对于托马斯主义的回应,"王国并非为了国王,而国王则是为了王国"(Regnum non est propter regem, sed rex propter regnum),该理论经常被定义君主专制政体的理论学家与作家们所重述。① 圣西蒙正是在1712年对勃艮第公爵写道:"国王生来就是为了其臣民,而臣民并非为其而生。"同时他原来的副导师——神甫弗勒里写道,这是勃艮第公爵所熟知的家族箴言,"人民之父"的身份。但是这个"为了人民的存在","为其臣民的存在",在费奈隆笔下,以为了人民献祭的形式出现。在《忒勒马科斯历险记》中,我们读到:"法律[……]希望一个唯一的人,以其睿智与稳重,为了如此众多的人的幸福而服务。[……]上天诸神使其成为国王并非为了他自己;他之所以成为国王只是为了成为那位人民之人:他的所有时间、关爱与深情都属于其人民,同时他唯有忘记自我,为了公众利益牺牲自我,才能配得上王权。"②

在国王的献祭中,我们可以看到国王与司铎的圣经理想,国王将其行为献给上帝,将其自身作为圣餐,活生生的圣餐奉献,从而以毁灭的高尚形式出现③:自愿行为之中体现了毁灭,身处极端情势中的人,同时行使其意志并消失于其行为之中(从而这个行为成为可提出的最完美的行为);拥有世俗"权

---

① 圣托马斯,《论统治》(De regimine),liv. II,第2章。
② 《忒勒马科斯历险记》,liv. V,载费奈隆,《作品集》,前揭,卷2,第59页。我强调了这两种表达,它们显示出了政治概念和精神性之间的联系,失去思考是自我牺牲的必要条件。
③ 《圣经·列王纪》14:17,关于这一主题,见康托洛维茨,《国王的两个身体》,前揭,第98—99页。

威"的我的毁灭,失去这个权威,采取的是为了父亲、国王以及上帝而牺牲的儿子的姿态,最终,废黜之后,回到其父亲与国王的身边。他的一切都得益于其父亲与国王,他的施恩人,通过其献祭,他只是将他亏欠他们的还给他们而已,他们通过免费的恩惠与好意,没有与之相配且合理的权利(无论人们对此的意见怎样),所托付给他的一切。

这个完整的献祭,某种失去与毁灭的令人眩目的表达,使牺牲的国王成为基督教的牺牲品:他为了父亲,绝对的国王而牺牲,没有丝毫顾虑其自身与这位父亲及此国王的功勋。尽管费奈隆没有感受到,在王子的贬黜之中,存在着某种类似于康托洛维茨所评述的莎士比亚《理查二世》的东西,基督的写照:没有人有权力触及王子,唯有他自己才能剥下"国王的神圣外衣"。① 如莎士比亚一般,费奈隆重现了王子献祭的古代的所有权威,这个献祭,但丁曾在其《论君主制》中称颂过。②

费奈隆对于献祭的强调与其精神性是如此一致,以至于我们理解他如此强烈地支持腓力五世必需的逊位的论点,当时其他一些人因政治理由同样支持此逊位。诚然,费奈隆对

---

① 莎士比亚,《理查二世》,第四幕,第一场。见康托洛维茨,《国王的两个身体》,前揭,第45—47页。
② 但丁,《论君主制》,II, V, 15,"这种难以表达的牺牲"。见本书第2章,第35页。

于这些政治理由并不陌生,但它们与精神性的理由,与在极端情况之下震慑了费奈隆本人的失去及毁灭的眩目比起来,看似处于次要地位,正如谴责教皇《圣人箴言诠释》(*Explication des maximes des saints*)或是失宠于路易十四一般。①

在阅读费奈隆编撰的陈情书中,一个反复出现的表述令我们震惊,这是大主教为了描述法国与西班牙情境的特征而称作的"绝境":法国"陷入绝境",失败"在所难免",这是一个"可怕的绝境",正是"在绝境之中,人们不得不运用重大补救办法"。② 这些表述及其所指代的"情境"激起读者双重的思考。

首先我们将之比照《圣人箴言诠释》以及证明其有理的文本中,费奈隆与神秘主义者口中的"极端的考验"、"严厉的考验"、"过度的考验"、"最终的考验"。③ 在"灵魂的殉教"这个

---

① 见我们的论文"对《圣人箴言诠释》的谴责以及《忒勒马科斯历险记》的出版"(La condamnation de l'*Explication des maximes des saints* et la publication du *Télémaque* au jour le jour),载《神秘的和政治的费奈隆(1699—1999)》(*Fénelon mystique et politique* [1699—1999]),斯特拉斯堡国际研讨会论文集,由弗朗索瓦-格扎维埃·库什和雅克·勒布朗出版,Paris, Champion, 2004,第125—136页。

② 第四、第五、第六篇陈情书,费奈隆,《作品集》,前揭,卷2,第1047, 1053,1054,1061,1065,1066,1073页。

③ 《圣人箴言诠释》,特别是第13,14,15,17,28篇,载《作品集》,前揭,卷1,第1044,1045,1047,1052,1069页,等等。

最终考验情况之下，一些行为发生了，而神秘主义者却对之毫无察觉，同时一些决定以绝望的表象出现：因而产生了不可能的假设，即我们宁愿选择地狱而非天堂，如果前者比后者有更多上帝的爱，这是有条件地接受被罚入地狱，为了将爱情推至其纯净的极限。与激起英雄主义并且看似与冥府的报酬背道而驰且将上帝塑造为一位暴君的最终的考验相比较，法国国王与西班牙国王所身处的极端情况要求同样英雄主义且自相矛盾的决定：超越法学论据对于协议的阐释，为了王朝的忠诚（儿子向父亲或祖父献祭）而放弃政治上的忠诚（君王对其人民的责任），同时，由其逊位，某种最终的失去其国王存在，失去一个民族以便拯救另一个。费奈隆要求腓力五世做出的举动看似是英雄主义行为在政治领域的诠释，十几年前《圣人箴言诠释》在神秘主义的最终考验情况中证明其有理。

但是"绝境"，我们所研究的费奈隆陈情书的背景，构成了当时一切政治思想的一个疑问；它使得——甚至可以说强迫——君王依靠法律统帅，通过完成拯救国家必不可少的非比寻常的行为。绝境可以说是为法律所遇见，又将必要性置于法律本身之上。查伦已然在1601年写道，不仅"懂得统领法律，而且懂得依照法律统领，即使他必须如此"，这是王子的谨慎与睿智的表现；同时他以塞涅卡为依据补充道："必要性，脆弱的人类的重要支柱与借口，违背了一切法律。"①在《关于政变的政治思考》(Considérations politiques sur les coup d'État)中，加布里埃尔·诺德(Gabriel Naudé)于1639年，援引了查伦并提出国家理智的箴言"是因大众利益而对于共同权利的超越"，同时适用于"棘手事务，并且因其是不顾一切的，与共同权利相对立"。②

过度、极端与特例强加了一个英雄主义的行为，确信有一权力超越了法律的政变。今天我们只能将17世纪的这些思考与20世纪的卡尔·施米特的独裁理论相比较：一些特别且不寻常的情况，迫近的危险与毁灭性的危机强加了一些同样非比寻常的决定，因而古罗马出现了独裁专制，17世纪君主专制使其出现了亲王专员，法国大革命时期出现了紧急状态。③根据魏玛共和国与德意志第三帝国时期作文的法学家，特殊的情况如"做决定"的"君王"一般；从而政治在个人的"决定"中到达顶点，而权利、标准则显得无力掌控情境。大众的救赎，紧急状态要求法律决定自我废除且由此决定其特例。权利做出退让——以便——国家继续存在：一个"权威"出

---

① 皮埃尔·查伦，《论智慧：三书》(De la sagesse, trois livres)，III, 2，再版，Paris，1836，第456—457页。
② 加布里埃尔·诺德，《关于政变的政治思考》，Paris，Les Éditions de Paris，1988，第101页。
③ 卡尔·施米特，《独裁》(1921)，法译本，Paris，Éd. du Seuil，2000；施米特，《政治神学》(1922和1969)，法译本，Paris，Gallimard，1988。

现——以某种"奇迹"的方式——以便一个秩序继续存在,这是一个并不因权利而生的秩序。卡尔·施米特不仅将其特例理论与博丹在《共和国》(*La République*)中的论点相联系,甚至还与霍布斯的《利维坦》相绑缚,后者提出"权威,而非真相,产生了法律"。①

费奈隆的"绝境"与卡尔·施米特的"特殊情况"之间的比较使得我们更好地理解前者为了说服西班牙国王逊位努力的意义。腓力五世的举动将是一个"决定"(与卡尔·施米特的《政治神学》的开篇句意义相同:"依据特殊情况而作出决定的正是君王"),一个中止法律权力的英雄主义且自愿的行为:腓力五世应当"放弃其无论好的或是坏的权利"②;无论如何,远非于权利的废墟之上拯救一个哪怕是极权的秩序并做出一项通过其消逝的纯净揭示法律本质的行为,国王,通过逊位,通过牺牲自我,将揭示出特殊状态的内在特性:为了翻转卡尔·施米特的公式,通过如此决定性的特殊状态,他将成为"君王",将其行为变成一场"灾难",其自我与其国王存在的失去。他指出什么是如"极限概念"的至高无上,并非在简单的紧急

---

① 霍布斯,《利维坦》,第26章,"论公民法",杰拉德·梅雷(Gérard Mairet)法译,Paris,Gallimard,2000,第405—437页;《论公民》(*De cive*),第6章,第9段,索皮埃尔(Sorbière)法译,Paris,Sirey,1981,第150页。

② 费奈隆,《作品集》,前揭,卷2,第1073页。

状况或是急促的混乱之中,而是根据权利的逻辑性,在其高尚的意义之中。这位 20 世纪的法学家与国家理论相关联的,费奈隆将之扎根于圣人的箴言以及神秘论者的作品之中:牺牲自我的君王的行为在大主教的眼中,实现了自我的完美非占有,这正是神秘论者所追求的;献祭将国王变成一位"殉教的"君王,这是词源学意义上的,失去的见证人,而此失去是唯一适合于绝境与绝对的国王权力的。

让我们看看这些争辩之后的 12 年间发生的事,以及费奈隆徒劳无益地促使腓力五世逊位的努力。年轻的西班牙国王的个性,1701 年登上王位时 17 岁,他的政治角色与其统治期间所发生的悲惨事件已然成为一个世纪之前弗雷德·博德里亚(Alfred Baudrillart)着重研究的对象①。我们将满足于重读圣西蒙所勾勒的西班牙国王惊人的画像的几个片段,他在任西班牙大使期间,获得了认识他的机会。可能这是对于了解费奈隆的建议在腓力五世脑中的回应与这位君王奇怪的拒绝听从行为的最具决定性的文件。

---

① 弗雷德·博德里亚,《腓力五世与法国宫廷》,Paris, 1891—1901, 4 卷。

腓力五世出生时没有高人一等的智慧，也没有任何想象中的一切。他冷漠，安静，忧伤，朴实，只喜欢狩猎，畏惧世界，畏惧自己，几乎不露面，喜欢且习惯于寂寞与自闭，几乎不会为他人感动，却很理智且正直，同时对于事情理解深入，投入到事情中便很固执，通常很难将其拉回，然而却相当容易被牵引与统治。[……]他到处都表现着对于法国的爱。对于已故的国王，他保存着极大的感激与尊敬，而对于已故的陛下，尤其是已故的王太子胸怀温情，对于其兄长，则怀有无法宽慰的失去。[……]我们难以理解他对于其王位的踌躇，同时难以将之与——在不幸降临之时——回到其父辈的王朝的思想相调和，对于后者，他曾不止一次地庄严地放弃。这是因为他无法去除头脑中已故国王的王后的放弃，与人们使其坚定的可能的预防措施的力量，同时他无法理解的是查理二世竟然有权利与权力通过其遗嘱支配一个他只是使用权享受者，而非所有人的王朝，如同某个人对于其可自由支配的婚后财产一般。

这就是多邦冬（P. d'Aubenton）一直反对的事：他自认为是使用权享受者。因这个思想，他产生了回到法国的想法，并且因更喜欢王位与逗留，也可能更是为了结束其踌躇而抛弃西班牙。我们无法掩饰的是这一切在他的头脑中计划得不错;但事实已经是这样了,唯一反对他认为是被迫的放弃的便是不可能性,这在其逊位中起了相当重要的作用,这是在我来到西班牙之前他就思考之事,尽管他将王位让与了儿子。在他眼中,这同样是篡位;但最终,因顾忌而无法做他所想之事,通过逊位,他至少满足于将自己变成他所能做到的。这也是在其儿子死后,使他难以重掌大权之事,尽管他拭去了烦恼,他不常被咨询且其意见不被儿子与大臣采纳而产生的频繁的怨恨。①

这幅肖像中出现的,是腓力五世相对于他人的独立,他忧郁的倾向,对于自己的不信任以及他对于故国法国,以及皇家家庭——其祖父路易十四,父亲王太子,兄弟勃艮第公爵——的思乡之情。圣西蒙以惊人的方式表达的,是"他对其王位的**踌躇**",似乎西班牙国王对于将其送上王位之人的意图洞察得

---

① 圣西蒙,《回忆录》,前揭,卷8,1988,第267—269页,写于1721年。我们用圣西蒙在此之前于1703年所写的(同上,卷2,1983,第367—368页),以及在《回忆录》中的"西班牙宫廷画"中的形象来补充这一肖像,博里尔(Boislisle)编,第二十九卷,Paris, Hachette, 1927,第380—382页;我们也将看到腓力五世对他效忠的人没有一点的认可:"作为召他继位的卡洛斯二世,没有任何他的画像出现在房里,没有任何人去为那著名的遗嘱工作,没有人去支持它,大家都还是各司其职"(第381页)。

太好了,却没有相应地做出该有的举动。他的内心应当确信,他并非因不容置疑的合法性而当上国王,同时血统的联系比他与其新的人民之间的联系要强烈得多,这也是费奈隆在其最后一本陈情书中为了再一次说服他所表达的。因而腓力五世确定,其祖母玛丽-泰蕾兹的放弃是真正的放弃。正如圣西蒙所表述的,"他认为自己是篡位者"。然而,这些踌躇并没有阻止他,在1711的危机时刻,因荣誉比踌躇更强烈同时也鉴于情势的转变,反对逊位。他自身体现着一种并非难以理解的内在的分裂:一方面,确信自己是"篡位者";另一方面,荣誉或是固执阻止其退让。这里实施的是某种对自我的不信任与对于思考与论证的拒绝,二者都浸透着典型的费奈隆的思想;唯一剩下的是某种无动于衷的拒绝,与堂吉诃德式的荣誉:年轻的安茹公爵不是于1693年为其首席贴身男仆克洛德·德拉·罗什(Claude de La Roche)所抄写的《堂吉诃德》编写了一个增刊吗?① 无论如何,腓力五世的态度不断表现出西班牙仍然盛行的示真者(desengaño),而这些经验是其导师费奈

---

① 见伊夫·博蒂诺(Yves Bottineau),《西班牙的波旁人》(*Les Bourbons d'Espagne*),Paris,Fayard,1993,根据马查多(Machado)的文章,"腓力五世:堂吉诃德的接班人"(Felipe V, continuador del Quijote), *Revista de la Biblioteca, Archivo y Museo de Madrid*,卷5,1928,第365—380页,从55页起的手稿收于马德里国家图书馆。

隆从前布道时传给他的：他同时是"存在或缺失的"，并且不会将"任何自己的因素"置于最严重与最光荣的行动之中。他不断地在他处感受着自己，希望能回到法国同时确信他并非真正的国王；自1702年8月7日，鲁维尔侯爵在给托尔西的信中明确表示："这位国王不会当政，永远也不会。"①

然而，腓力五世没有在费奈隆生前，也没有在其导师1715年死后的几年中逊位。这并非由于逊位没有占据着西班牙国王的头脑。好几年来，他一直思考着决定：他可以就这样消失，在将自己变成修道院中的"无名"的同时，稳固其王朝。其忧郁，稍后将导致他每晚倾听阉人歌手法里内利（Farinelli）吟唱的同样的旋律，在这孤独之中找到令其满足之事，而与权力的接近使其担任儿子统治期间沉默的监察官的角色。没有可以抹去所谓的"篡位"的彻底的逊位，通过降至普通人的境地，他至少为其自身消除了影响。他为隐退选择了圣伊尔德丰索宫（La Granja），此处属于埃斯科里亚尔修道院的（Escorial）僧侣们："国王曾经在此狩猎。孤独让其满足：充足的水源与狩猎的便利促使他决定向这些僧侣购买他们所

---

① 由博德里亚引用，《腓力五世与法国宫廷》，前揭，卷1，第49页。

享有之物,同时在此建造隐退之所,一旦阿斯图里亚斯人(As tuiries)的王子开始能够戴上他愿意托付的王冠,正如他自此所做的那样;但是这幅画面,在当时或是很久之后,只有王后与多邦冬两人了解,他们对此害怕得要死,并且没有忘记任何的机智以便慢慢使其改变主意。"[1]于是建成了一座名为圣伊尔德丰索(Saint-Ildefonse)的宏大的祈祷堂,同时一座巨大的城堡在圣西蒙拜访之时尚未完成:这是"腓力五世的隐退在其短暂的逊位期间令其出名的地方"。[2]

腓力五世的决定,于修道院深处的"孤独"的选择,其如此"凄凉的"境地,这是圣西蒙所用的词汇:这一切都显示着重现国王的先祖查理五世隐退与逊位的意图,尽管这里被布置为君王希望"为其隐退解闷"的度假地。逊位,在漫长的犹豫之后,最终于1724年1月15日发生了,这是费奈隆死后9年。这一天,腓力五世编撰了一部法令,我们无法忽视其中对于查理五世逊位的回应:

> 四年以来对于悲惨生活的严肃且成熟的思考,回想起23年统治期间上帝希望我经历的残疾、战争与混乱;

---

[1] 圣西蒙,《回忆录》,前揭,卷8,1988,第428页。
[2] 同上,第428—429页。

同时考虑到我的长子,宣过誓的西班牙王子,年纪到了,已然结婚,且有能力、判断力与自身的才能去成功且公正地统治与管理这个王朝,我决定彻底放弃享有权与领导权,王国与其领主权,将之让与王子路易,我的长子,同时与在此宫殿非常乐意陪伴我的王后,一同置身于圣伊尔德丰索,服侍上帝,摆脱其他忧虑,思考死亡,以及为了我的救赎而努力。我通知了议会,以便其获知并且向合适之人提供意见,也为了所有人都知道这个决定。于圣伊尔德丰索宫殿,1724年1月15日。①

消息很快传到了法国,同时,自1月26日起,巴黎最高法院律师马修·马雷(Mathieu Marais)在其日志中对于这个激发其灵感的事件记录下其相当放肆的思考:"这难道不是西班牙使之成为虔诚之人而其本人又陷入某种愚蠢的君主的隐退(以查理五世的方式)吗?这是否掩盖了其在继承的情况下回到法国同时交给西班牙人一位本土出生的国王的打算?"②3月1日,马修·马雷专门就此逊位写了好几页,其中查理五世

---

① 在此的段落是根据莫雷里(Moréti)的字典(édition de Paris,1732)中"腓力五世"词条所撰写的。

② 马修·马雷(Matthieu Marais),《巴黎日记》,Saint-Étienne, Publications de l'université de Saint-Étienne,2004,卷2,第744页。

的回忆无处不在,参照了布朗通的著作,以及贝尔的字典,同时隐含的比较旨在嘲笑"逊位的西班牙国王"。在这位律师看来,"人们知道国王在圣伊尔德丰索,身着一身及膝棕色大礼服,一杆朝圣者的手杖作为其拐杖";同时马雷补充道,国王今年四十岁,"距离死亡还有好多年。国王为自己保留了数十万皮斯托尔的养老金;他那勃起的下体还没有筋疲力尽,他还有充裕的时间使用它。这是最罕见的一件事。我看到来自马德里的一封信,其中指出他们没有保留任何尊严的表示;他们虔诚地走入人群,被称为神圣的国王。布朗通将查理五世称为'一位半圣人'"。①

逊位行为不再影响18世纪的人们,同时只会招来嘲讽与粗俗的玩笑:与权力一样,对于权力的拒绝也失去了一切神圣性。

从而阿斯图里亚斯王子以路易一世的名号成为国王。但他死于1724年30至31日夜里,而其父亲应当取回儿子的死亡所造成空缺的王位。似乎逊位对于他总是不可能的,似乎他必须再一次继续其"篡位"国王的事业,腓力五世很久之后才死去,直至1746年7月,他一直是西班牙国王。

---

① 马修·马雷(Matthieu Marais),《巴黎日记》,Saint-Étienne, Publications de l'université de Saint-Étienne, 2004,卷2,第745—749页。

结 论

逊位,一个近代的形象

逊位是历史上的特例,非常罕见,以英国的詹姆士二世为例,一位被废黜的国王通常拒绝这一自愿行为。它之所以是特例,同样也是因为这只是掌控着最高权力之人,即国王、君王的行为:能够自由地拒绝权力的唯有完全掌控权力之人,同时也是掌控着彻底放弃权之人。

然而这种稀有性不仅没有让此特例变得毫无意义,反而使其成为震慑人心的典范,无休止的论说的源泉。我们所选择的事例差异非常大,他们处于不同的时间,不同的社会与文化:一位古罗马皇帝,一位戏剧人物,一位16世纪的皇帝,以及一位17世纪的国王。同时他们行为的动机,无论是真实的还是假设的,同样彼此迥异:骄傲或对于权力的眩晕,信徒的谦卑,忧郁之人的懦弱、荣誉,看破一切或是简单的厌倦。但是无论这些动机究竟是什么，它们共同拥有的是道德上的，哲学或宗教层面的，也许还有神秘主义角度的极端性，指代的是一切权力隐藏的中心，至高无上的肯定本身之中的否定力量，一个超越了其动机与特殊的实现条件的纯粹行为的不加掩饰。

此外，如果我们提出逊位是一个近代的形象，这更多的是为了提出假想，尤其在近代，古希腊罗马平民与基督教的信息与事例汇集的时代，逊位的想法可能成形，而非为了针对一个历史时刻，其间君王的逊位行为更多或更加典型，但是对于事例的唯一沉思与其舞台演出占据这些缺席的演说的位置。这是因为对于这一历史时刻，谈及现代性的时间，中世纪末与18世纪之间，一个触及逊位本质且引发震慑的话语被指定，神秘主义与政治之间是既不妥协又不排斥的关系，这是一种最个别的纯粹行为与其难以避免的社会与集体影响之间的关系。

权力的秘密

也许一切权力的本质都是倾向于绝对。路易·马兰(Louis Marin)前不久以隐微的方式显示了国王权力的象征是如何用一个形象替代一个无法实现的现实,从而倾向于超越这个绝对目标的死胡同的。[①] 他很好地表述了在一切指向极端力量的张力背后是怎样的摧毁的欲望,怎样的死亡的欲望,怎样的死亡的威胁,以及这些因素是如何在其本身被否认的时刻,构成一切权力的限制。[②] 但是,如果说这种形象化同样也是某种灭亡,那么,指向绝对权力的,正是如死者一般,残存于这个炫目的现实之中

---

① 路易·马兰(Louis Marin),《国王的肖像》(*Le Portrait du roi*),Paris, Éd. de Minuit,1981,第11—13页,第138页以及多处。
② 同上,第25,41页。

的东西。① 逊位,这个对于权力积极且自愿的否认,这个重要的撤退行为,从而可能被阐释为对于目标的有意识行为,必须将绝对权力挫败:发生于挫败之前的拒绝,在完成与赞颂意愿的同时退还的是不可避免的失落;拒绝的行为欺骗了所谓的绝对死亡的同义词,并剥夺了其一切。诚然,正如帕斯卡所描述的,"感受到自己拥有的一切都崩塌了是一件很可怕的事",②但是,回到"一无所有",成为"什么都不是的人",君主以居高临下的态度给予死亡它原本想要武力夺取的东西,从而让死亡失望:一个意愿,一句"我什么都不想是",就这样损害了外在的限制并且粉碎了绝对的必死的目标,通过权力巅峰来实现,而其中恰恰包含对巅峰的否定。参加自己的葬礼仪式并以死者身份出席,查理五世在想象中摆脱了必死的状态,只交予死亡一个替代品,一个"衣冠冢",空荡荡的坟墓,以一个形象代替真实的诡计。从而时间秩序的表面限制被打断:不可避免的未来,因这个提前的行为,被剥夺了其有效性,同时,自愿被选择的现状,提前破坏了命运的力量。

从而逊位行为看似既可以显示权力极端性(意愿表达得毫无保留),又可以通过选择有利时机,成为规避这个绝对权

---

① 路易·马兰,《国王的肖像》,前揭,第151—152页。
② 帕斯卡,《思想录》,Laf. 757, Br. 212。

力的必死性的唯一策略。

然而,在所谓的战略之外,逊位行为让另一个问题变得清楚:并非让我们理解追寻绝对的不可避免的必死性,而是发现了以此权力为目标之人的真正本质,一个清醒、觉悟的行为,于表象之后发现真实。通过这些关键性的页面,以其他一些角度,路易·马兰在思考帕斯卡文本的同时,从一切权力中引出了他口中的篡位:国王的秘密便是他并非"国王"。① 然而这种帕斯卡的思考为我们接近逊位行为不可理解的外衣下掩藏的动机开辟了另一条道路。《论伟大人物的境地》(*Discours sur la condition des grands*)的第一篇事实上便是针对帕斯卡口中的"形象",即我们对于这种境地"获得真正认识"的一个故事,一个寓言。② 一个男人被暴风雨扔在一个陌生的小岛之上,这里的居民失去了他们的国王;只因面容相似,他被视为人们寻找的国王;于是他表现得如国王一般,同时在其内心深处掩藏着对于其真正身份的认知。帕斯卡,与伟大人物对话,将"本质"与源于"偶然"的权威的"确立"对立起来,并非为了促使人民揭露这个秘密与人民所陷入的错误,而是为了确认社会秩序的公正并保留与本质真相相对应的"一个更为隐秘

---

① 路易·马兰,《国王的肖像》,前揭,第 261 页以下。
② 帕斯卡,《作品全集》,Lafuma 版,Paris, Éd. Du Seuil, 1963,第 366—368 页。

但更为真实的思想"。一位维持着这种"双重思想"的国王知道他是"贪婪的国王",其行为于此保持一致,同时,从"仁慈"的角度,他也许会失去自我,遭受天谴,但至少他是"作为诚实的人"而遭受天谴。帕斯卡求助于世俗伦理学家以外之人("我以外的人,"他写道),以便教授对于贪欲的蔑视,同时激起对于仁慈王国的向往。帕斯卡的这种回撤,这种拒绝有效揭露,以及对于"人类机构"的质疑,导致了一种觉悟态度,导致了 17 世纪的西班牙人,随后整个欧洲,所宣称的示真者(desengaño):"一种双重的思想"使得我们可以生活与行动,却不用相信权威机构的"固有"性。因而逊位举动属于向行为的过渡:"更为隐秘但更为真实的思想"强行砸开了自称由上帝"授权"的这个权威的屏障。与"人类机构"中产生的"合法"情境相反,出现且运行其中的是,追溯至最隐秘且源于外部的信念(合乎俗世的幻想),"即上帝没有同意这个占有并且强迫他放弃"。这种放弃,在大人物所身处的俗世之中,帕斯卡拒绝推荐之,同时承认他对此所写内容的局限性与"价值不大"。

逊位,也就是拒绝一种双重思想,唯有这种思想能让大人物的境地变得可以被接受(如果不是有益的话),因而可以被阐释为揭示权威真正本质的行为。这个诱人的解释可能只是推后了不可理解的界限:如果不是作为超越了本质的皈依,那么怎样理解是什么引发了这个向行为的过渡——因而一种

"超自然的"皈依——或是源于使一切"人类机构"可能且可以接受的东西的故障?一边是超自然领域,另一边可以被阐释为病理学,在这二者之间,逊位行为保留着自己的秘密,吸引着当代及后世。我们可以认为,这个逊位行为同时涉及集体与个人,如果我们在很多社会事例中看到的都是真的,并且他们的目标更加激进且成就更大,集体放弃他们的计划并以其特有的逊位形式自我放弃,在这个超越一切动机的"极点时刻",激发着与君王逊位同样的痴迷。①

---

① 见勒内·卢罗(René Lourau),《前卫的自我解体》(*Autodissolutions des avant-gardes*),Paris, Galilée, 1980,特别是第 68 页,第 73—74 页,第 304—305 页。

权力的忧郁

在这些不同情况之下,逊位难道不是忧郁行为的最佳例证吗?权力牵连着在一个自相矛盾的状态下行使它的人,使其衡量隐藏在其无限制的权力之中的限制。这里帕斯卡特别强调了其中的自相矛盾:如果行使权力是逃避烦恼的方法,那么这一消遣应当可以阻止国王"思考自身"及其悲惨境况。在其"忧郁的幸福"之中,君王看到烦恼"从其自然根基的心灵深处溢出并且将其敌意填满了思想",因为"一位没有消遣的国王是满是不幸之人"。[①] 但是与人类状况相关联的烦恼并未因远离权力的隐退而消散;逊位无法恢复一个从未存在的平

---

① 帕斯卡,《思想录》,Laf. 136, Br. 139; Laf. 622, Br. 131; Laf. 137, Br. 142。

衡与幸福。①

诚然,17世纪那些就忧郁写作过的人,比如罗伯特·伯顿(Robert Burton),更多强调的是懦弱与创伤,以及无所事事与孤独,并将之视为忧郁情感的缘由。但在他们看来,过度的练习与缺乏练习一样,都是有害的,且会导致极端行为。隐退,与其他一切活动一样,也会产生同样的后果。之前经常忙于活动的人是难以忍受忧郁的,"特别是如果他们以前习惯于工作并总是跟很多人打交道,而突然间被迫过着足不出户的生活"。② 相反,在退隐期间进行勤勉沉思的隐退看起来就是"人间天堂",正如古罗马人西塞罗、德谟克利特、戴克里先所体验的那样。③ 因为国王、王子与君主的境地使"人类的不满足与灾难"自相矛盾地敏感;他们"看起来相当幸福,但是只需瞥一眼他们的境况,便可以知道他们难以忍受,他们一直担惊受怕、焦虑不安、多疑嫉妒"。于是逊位应当是为了逃避这种

---

① 关于烦恼,见瓦尔特·本雅明关于大希律王(Hérode)这一烦恼之人在巴洛克戏剧中的解读(《德国巴洛克悲剧的起源》[*Origines du drame baroque allemand*],法译,Paris, Flammarion, 1985,第72—73页)。也见马克·萨尼奥尔(Marc Sagnol),《悲剧与忧伤:瓦尔特·本雅明,现代性的考古学家》(*Tragique et tristesse. Walter Benjamin, archéologue de la modernité*),Paris, Éd. du Cerf, 2003,第63和158页。

② 罗伯特·伯顿,《解剖忧郁》(*Anatomie de la mélancolie* [1621]),法译,Paris, José Corti, 2000,三卷,卷1,第407页。

③ 同上,第414页。

忧郁的也许是绝望的尝试:"大人物拥有非凡的头衔,却也遭遇着可怕的危机。"① 神学家蒂莫西·布莱特(Timothy Bright)几年前只说:"意识的畏惧与痛苦导致忧郁。"②

这些近代初期的论著很好地显示出权力与忧郁之间关系的暧昧不清:后者是权力所固有的,同时也使人得以逃避放弃或不停延后期限。因为忧郁同时是权力牢不可分的缘由与后果,它同样显示在权力的行使过程与拒绝之中。一位戴克里先,一位查理五世,提供了惊人的证明;促使他们放弃权力的,同样也是他们于逊位之后所深陷其中且促使他们死亡的凄凉或是平凡的苦海。

然而权力与忧郁之间的这种联系,其间拥有众多我们所展示过的关于逊位的论说与一个沿袭了古代论说同时又是相对于后者的彻底更新的关于忧郁的论说,是否是近代独有的一种现象或是阐释呢?③ 对于巴洛克悲剧的研究,瓦尔特·

---

① 罗伯特·伯顿,《解剖忧郁》(*Anatomie de la mélancolie* [1621]),法译,Paris,José Corti,2000,三卷,卷1,第469—470页。也见第560页:"恐怖和畏惧:忧郁的原因。"

② 蒂莫西·布莱特,《论忧郁:1586年》(*Traité de la mélancolie*:1586),法译,Grenoble,Jérôme Million,1996。

③ 见雷蒙·克里班斯基(Raymond Klibanski),欧文·潘诺夫斯基和弗里茨·萨克斯尔(Fritz Saxl),《萨杜恩和忧郁:历史和哲学研究——自然、宗教、医学和艺术》(*Saturne et la mélancolie. Études historiques et philosophiques: nature, religion, médecin et art*),法译,Paris,Gallimard,1989,在这本书中,这些遗产和这种新颖性被令人信服地展现出来。

本雅明于1928年揭示了其非凡的重要性,以非常鲜明的方式理清了这些关系与这些表面的自相矛盾。事实上,17世纪对于权力或"国王存在"的表现上需要一场真正的变革,以及两个国王身体理论形式下所制定的根本性的再分配,以便人们相信,"人"的忧郁会影响"国王"。应当出现的是"作为国王的人",而非法学家们所设想的作为活生生的法律的国王。① 于是在我们看来奇特且无法解释的行为以一种近代结构形成,揭示了绝对权力在近代变成了什么:一方面,表面意义上出现或要求的"绝对"摆脱了外在束缚,另一方面,它又被孤独所激化的个性打上标记或伤害,同时也为极端所吸引。

瓦尔特·本雅明1928年发表却在当时不为人所知的杰出论文展现了这些变革的最佳画面与对于研究它们的方法的最为深入的思考。罕见且惊人的逊位举动如"思想的一个片段",以"配置"或"星云密布"的方式组合的"唯一的极端",其中明显的过度、奇特且非典型的现象,如莱布尼茨的单子,可以共存并且体现意义。② 这个"片段",宏大历史进程中被扯

---

① 见让-弗朗索瓦·库尔廷(Jean-François Courtine),"古典时代神学—政治问题的经院遗产"(L'héritage scolastique dans la problématique théologico-politique de l'âge classique),载亨利·梅舒朗(编),《巴洛克国家:1610年—1652年》(L'État baroque, 1610—1652),Paris,Vrin,1985,第89—118页。

② 本雅明,《德国巴洛克悲剧的起源》,前揭,分别是第25页,31页,44—46页。我们参考汉斯·布卢门贝格(Hans Blumenberg)重要(**转下页注**)

下的废墟,如我们所展示的不协调的"事例"一般,占据了政治思考并将意义集中于对于体现且行使全部权力之人,拒绝权力所构成的灾难或崩溃。体现绝对拒绝的君王并非作为祭品而死并因其几乎是救世主般的典范性死亡而争取到救赎的悲剧性英雄。如果他听从了费奈隆的建议,那么理查二世、查理五世、瑞典的克里斯蒂娜、腓力五世都不会完成赎罪的献祭。腓力五世导师的建议,哪怕它们将其迫使西班牙国王完成的行为阐释为献祭,也只有崇高建议的表象。正如瓦尔特·本雅明所指出的,因自相矛盾地废除了后于意愿的一切行动的自愿放弃,君王成为殉教者,但却是一位绝望的殉教者,承受着无声的痛苦,没有赎罪的信息,一位如基督一般的殉教者,被所有自己人背叛或抛弃,同时无法在任何方面成为典范。事实上,他无法成为典范或提供经验,他不代表任何道德,也不会留给后人任何"名声";忧郁无声且有争议的形象,只会留下没有答案的疑问。我们可以与之进

(接上页注)的篇幅,《现代正当性》(*La Légitimité des temps modernes*),法译,Paris,Gallimard,1999,第148—201页,在这里现代性被定义为对个人性的发现,也见罗曼·若贝(Romain Jobez),《在西里西亚巴洛克悲剧中的主权问题》(*La Question de la souveraineté dans la tragédie baroque silésienne*),由克里斯蒂安·比耶(Christian Biet)指导的博士论文,巴黎十大—南泰尔大学,2004年,它研究的是安德烈亚斯·格吕菲乌斯(Andreas Gryphius)的诸多悲剧(比如他关于查理一世之死的《卡洛斯·斯图亚特》[1663])以及罗恩施泰因(Lohenstein)的悲剧,本雅明也对这些悲剧做了分析。

行对比的是英格兰查理一世非典型的死亡的逊位所构成的拒绝:一位殉教者以其自身的痛苦和死亡,都没有留下任何可读的道德教训。

这种暧昧不清与近代期间的殉教徒概念及当时影响它的变革的暧昧不清是一致的。如果被阐释为殉教徒的真实死者能够在宗教战争期间找回一种现实性,如果出使异国的使命同样提供了一些耶稣会教士、方济各会修士或是他国传教会教士的叙述中所赞颂的殉教徒的事例,那么真正的殉教徒在此时显得越来越过时。除了古代殉教徒的考古学发现之外,残存的只有对于某个内在的殉教徒、灵魂的殉教徒和内在的放弃的向往,没有任何可支撑的理由或任何可确立的真相。[1]因而与其说放弃是现实的,不如说它是理想的最终逊位场景的重现。

被阐明、关注甚至惹人注目的,是与权力紧密相连的忧郁,国王、王子、朝臣、俗世之人的忧郁,它在拥有绝对权力之

---

[1] 见雅克·勒布朗,"在圣女传记中17世纪殉道概念的成熟"(Mutations de la notion de martyre au XVIIe siècle d'après les biographies spirituelles féministes),载《圣书宗教中的圣洁与殉道:基督教的历史问题》(*Sainteté et martyre dans les religions du livre. Problèmes d'histoire du chrisitianisme*),雅克·马克思(编),19/1989,Bruxelles, Éditions de l'université de Bruxelles, 1989,第77—90页;以及《殉道:自我牺牲的宗教传统》(*Martirio. Il sacrificio di sé nelle tradizioni religiose*), M. Borsari 与 D. Francesconi(主编), Modène, Fondazione Collegio San Carlo, 2005。

人的身上体现得淋漓尽致。瓦尔特·本雅明在研究巴洛克的悲剧(Trauerspiel)的过程中,分析了德文"悲伤"(Trauer)所表达的悲伤与哀悼,该情感与客观理由或宇宙空间的任一秩序没有必然关联,并指出语言符号悲伤(Trauer)是如何在其所出现的所有复合词中,吸收着他所体现的词语、行为或是情境的一切意义。① 从而,忧郁与"悲伤"渲染了权力的一切行为,同时掩盖或删去了这些行为可能拥有的一切崇高的成分:逊位本身失去了崇高性,这是一个如此罕见的行为可能或应当显示出的,或是利他主义自杀战士或涂尔干(Durkheim)②以前研究的基督教殉教徒的"利他主义自杀"与17世纪的约翰·多恩(John Donne)③所赞颂的基督的"自杀"所表达的。"悲伤"或是犹豫,摧毁了逊位可能显示的一切崇高。逊位之后过分的屈从很好地表明了对于崇高性的拒绝:种植花园,收获果实,陷入卑微的虔诚,如戴克里先与查五世所做的那样,吹捧者企图将之崇高化的这些微不足道或平凡的事情,正是最好的证据。

---

① 本雅明,《德国巴洛克悲剧的起源》,前揭,第127页。
② 埃米尔·涂尔干,《自杀论》(*Le Sucide*, 1897),再版,Paris, PUF, 2004。也见 Enzo Pace,《消亡的动力》(Il potere della perdita),载《圣书宗教中的圣洁与殉道:基督教的历史问题》,前揭,第20—27页。
③ 约翰·多恩,《死于非命》(*Biathanatos*),多扎(P.-E. Dauzat),法译,Paris, Puf, 2001。

如本雅明所写的,"君主是忧郁的聚合体"。① 君主本人臣服于创造物脆弱的境况这个事实戏剧性地教育着这个重要的脆弱性。这里我们再次见到了我们曾经影射过的帕斯卡的《思想录》,"一位没有消遣的国王是悲惨之人"。② 如果烦恼与王位密不可分,那么比这个烦恼更为根本的距离,难道不是认知权威的唯一手段?"君主与国王们,"帕斯卡还写道,"有时会假装。他们并非一直在自己的王位之上。他们对此厌倦。权威需要离开才能被感觉到。连续性使人厌恶一切。寒冷对于取暖来说太适宜了。"③如瓦尔特·本雅明所引用悲剧的作者写的那样,"悲伤的忧郁大部分时间都待在宫殿中"。④ 如果一个暂时的消遣反而可以让人感受到国王境况,要超越浓重的忧郁,认识到权力的脆弱性,唯有冒着可能出现的虚幻危险,保持一种绝对的距离,自愿地放弃。然而君主与朝臣的思想不坚定使得忧郁更加占优势:他们都被打上了古罗马农神的印记,后者侵蚀了他们的每一个行动,并且将之推向意愿以消极屈从命运的形式出现的决定,不决定与拒绝行动。忧郁源自古罗马与中世纪的懒散(acédie),其继承了对于行动的

---

① 本雅明,《德国巴洛克悲剧的起源》,前揭,第153页。
② 帕斯卡,《思想录》,Laf. 137, Br. 142。
③ 同上,Laf. 771, Br. 335。
④ 本雅明,《德国巴洛克悲剧的起源》,前揭,第155页。

厌倦与一种对于失败的倾向,疾病被看作罪恶,而体液则融合着混乱的思想。[1] 于是放弃权力的行为——逊位,在这个它所执行的变奏之中,揭示了对于生活与行动所意指的一切的一种令人匪夷所思的忠诚:连续性还是突然中断? 有益还是有罪的行为? 行为的一切暧昧性反映了忧郁与农神情绪的重要暧昧性,后者在激励着近代人的权力的同时也损害着它。近代世界的开启与基督教体验的更新都必然使认真面对基督教的人失望。罪恶与清偿,对于权力与基督教要求的清醒认知撕碎了位于权力巅峰之人的道德心:查理五世是否衡量了一切权力的虚荣性,抑或他追求的是另一种至高无上的权威? 腓力五世紧紧抓牢权力,或是他对于权力的虚荣性如此了解,以致他不值得被人们抛弃的同时,只残存下对于一个地方的忠诚(一个选择寄居的国家,一个被指定的民族,忠诚的力度),而这个地方是人类惯例的偶然性(协议,战争,有争议的遗产),而非继承与父系遗产的"自然"法律,所合法给予他的?

---

[1] 雷蒙·克里班斯基,欧文·潘诺夫斯基和弗里茨·萨克斯尔,《萨杜恩和忧郁:历史和哲学研究——自然、宗教、医学和艺术》,前揭,第 22,375—377,389 页,等等;本雅明,《德国巴洛克悲剧的起源》,前揭,第 157 页及 166—167 页,等等;马克·萨尼奥尔,《悲剧与忧伤:瓦尔特·本雅明,现代性的考古学家》,前揭,多处;贝尔纳·福尔托姆,《从僧侣的懒散到焦虑抑郁:恶转化成病态的哲学史》(*De l'acédie monastique à l'axio-dépression. Histoire philosophique de la transformation d'un vice en pathologie*), Paris, Les Empêcheurs de penser en rond, 2000。

这个不会强加简单回答的暧昧性震慑了拉·罗什富科，他惊异于这些无法解释的逊位，如果不是因为《箴言》(*Maximes*)的作者所揭示出的所有人类行动共有的厌倦与内在的衰落："瑞典女王，国内太平，与邻国交好，为臣民所爱戴，为国外所景仰，年轻且不信教，自愿放弃了其王国并回退至普通人的生活。与瑞典女王同族的波兰国王卡西米尔五世同样离开了王国，只是因为厌倦了当国王。"①最终，对于我们而言，伦理学家忽视了考虑这些君王逊位的情势这样一个事实，没有确信在这些罕见举动背后隐藏着厌倦、烦恼与忧郁来得重要。

---

① 拉·罗什富科，《杂想》(*Réflexion diverses*)，"这个世纪的大事件"(Des événements de ce siècle)，载《作品全集》，Paris, Gallimard, Bibl. De la Pléiade, 1957, 第539页。也见拉·罗什富科为称赞"伟大的克里斯蒂娜"而作的"为瑞典王后的十四行诗"(Sonnet pour la reine de Suède)，同上，第5页。

隐藏的上帝

尽管词汇似乎将我们引向另一个方向,瓦尔特·本雅明的分析仍将我们置于权力的忧郁之上,这与吕西安·戈尔德曼(Lucien Goldmann)以悲剧视角在其关于《隐藏的上帝》(*Le Dieu caché*)的论文中精心规划的很接近。① 不论这篇论文的历史或社会学有效性如何,也不论对其的评论,似乎在"悲剧视角"的"意味深远的结构"之下,作者指出了瓦尔特·本雅明口中的"悲伤"。② 近代自立的个人的断言使其独自面对神灵的沉默,而对于君王而言,则是分离了个人与掌权之人。正是

---

① 吕西安·戈尔德曼,《隐藏的上帝:对帕斯卡〈思想录〉和拉辛戏剧中悲剧视角的研究》(*Le Dieu caché. Étude sur la vision tragique dans les Pensées de Pascal et dans le théâtre de Racine*),Paris,Gallimard,1955。

② 马克·萨尼奥尔,《悲剧与忧伤:瓦尔特·本雅明,现代性的考古学家》,前揭,第107页以下,第179页,等等。

在这个条件之下,放弃权力、逊位这个"个人的"行为变得可理解,唯有权力的绝对性才能自相矛盾地完成这个个人的行为。正如吕西安·戈尔德曼所指出的,宗教领域失去了其自主的存在,以及对其代理人、"副手"、君王的控制。向理解俗世与行动的虚妄的真正转变,但是,与此同时,缺乏对于未来的看法与上帝保证的缺失,使得这个"悲剧的视角"变成一个禁止一切价值实现和任何"心理学"意义的"暂时立场",这样的立场让固有的模棱两可开始支配。在这个背景之下,逊位行为成为自相矛盾的论说的场所,同时,古罗马的献祭被不合时宜地重新阐释,丧失了区分且抹杀了那些给予其灵感的价值。查理五世,一位典型的基督徒或忧郁之人,一位马基雅维利式君王或真实的见证人;瑞典的克里斯蒂娜,皈依罗马天主教会或是其智力、美学或肉体激情的俘虏;腓力五世,为其人民而牺牲或是无力放弃权力;这些叠加的阐释所表明的,更多的是近代社会赋予这些举动意义的不可能性,而非其行为的难以触及的真相。上帝与一个单一意义的沉默或被抹杀,实现崇高价值的不可能性,其诱惑力没有过时,我们明白由唯一享有放弃权力之人所执行的放弃权力因其独特性与无法理解而令人震惊。

逊位与非凡的力量

　　逊位在近代令人痴迷的原因之一可能在于其非凡性。罕见意味着过分，相对于正常体制秩序的距离，一个编年与谱系性的秩序，建立于自然基础之上，规则要求唯有君王的死亡才能结束其权力，同时在此情况下，权力不会死亡，也不会空缺：这个秩序容忍了一个特例；因为这里强加继承的并非死亡，而是人的意愿。通常而言，摄政期间都是混乱的、明显不确定的时期，唯有假定王权正等待着一位过于年轻的继承人方可打消或是减轻这些疑虑。但是，正如时机的选择与在死亡来临之前突袭死亡的行为脱离了正常，通过在其面前消失的行为而不言明的指定继承人与继承的"自然"规则决裂：人类的意愿，无论其动机如何，也无论其性质是否从本义上来看是"不合法的"，它都战胜了自然。

从而,我们处于非凡的秩序之中;同时,在所有领域内,在古典时代,非凡之事在吸引人的同时又让人担忧。这是自然残酷性的例证,需要解读的符号,正如奇迹的例证一般,上帝的意愿突然侵入了事物正常的秩序、疾病、自然现象,以及事件通常的进程之中。

因而逊位具有了非凡性,并且可以与17世纪所谓的政变相比较,尽管它不具备同样的特征,同时主体的肯定也没有到其消失的地步。根据加布里埃尔·诺德——他对于政变提出了自己的理论并阐释了其合理性——政变以"因公众利益而导致的公共权利的过渡"为特征:在一些"棘手与看似绝望的事务"上,君王可以"违背公共权利"而行。[1] 这是在重拾一个传播相当广泛的理论,毫无疑问属于马基雅维利主义的观点,同时存在于尤斯图斯·利普修斯(Juste Lipse)与皮埃尔·查伦身上,后者回忆了塞涅卡的一个经典段落:"必要性,脆弱人类的重要支柱与借口,违背一切法律。"[2]从而"绝境"与"必要

---

[1] 加布里埃尔·诺德,《关于政变的政治思考》,Paris, Les Éditions de Paris,1988,第2章,第101页。关于诺德,关于他的这本书的特别与特殊性,见伊夫-夏尔·扎尔卡,"加布里亚尔·诺德思想中的国家理由,国家箴言与政变"(Raison d'État, maximes d'État et coups d'État chez Gabriel Naudé),载扎尔卡(编),《国家的理由与非理性》(Raison et déraison d'État),Paris, PUF, 1994,第152—169页。

[2] 皮埃尔·查伦,《论智慧》,III,2,再版,Paris,1836,第456页。

性"引领君王"以一种在他人看来可能精神错乱与失常,但对其本人而言必需的、正大光明的且合法的步态前行。"①

与政变这种权利的过渡与超越法律相比较使得我们可以想象逊位这个非凡举动产生的效果,对君王死亡所带来的正常继承的基本法的侵蚀。谈及费奈隆时,我们提及了20世纪的卡尔·施米特对于"特殊情况"的理论化。诺德开启了古典时代的政治思考的大门,以便让位于"必要性"的要求以及后者相对于法律的优越性。然而背离"法律与道德,为了国王与王国的利益",这是诺德所引用的尤斯图斯·利普修斯的原话,是"站在人类事务之上"②的"睿智之人"的特权。

如果17世纪的悲剧展示了很多君王违背法律的特别干涉的事例,这并非偶然。让我们想想高乃依的《西拿》中的奥古斯都(Auguste)或是罗特鲁(Rotrou)剧作中的瓦茨拉夫(Venceslas)。③ 而霍布斯,于1641年,在《利维坦》中,通过断定权威缔造了法律,"君王是唯一的立法者",④为这些看似

---

① 查伦,由诺德引用,《关于政变的政治思考》,前揭,第88页。
② 诺德,《关于政变的政治思考》,前揭,分别为第76、87页,以及第80页。
③ 见让-马里·阿波斯托利季斯(Jean-Marie Apostolidès),《被牺牲的王子》(*Le Prince sacrifié*),Paris,Éd. de Minuit,1985,第63—69页。
④ 见霍布斯,《利维坦》,II,18,《主权者的权利》,Paris,Gallimard,2000,第290页以下,II,26,《论公民法》,此处引用第407页。

"不合法的"干涉行为从理论角度进行辩白。

非凡性令人惊愕的力量体现于逊位之中,尽管其没有政变一样鲜明的暴力,但它展示了另一种——并且是双重的——暴力:这种暴力针对于提出逊位行为且因此行为而变为"什么都不是"之人,如莎士比亚的《理查二世》中主人公所说的那样;这种暴力同样针对依附于君王之人,自愿引起依附与忠诚关系的变化,剥夺合法权威,这本是死亡方可导致的。从而,从政治角度思考逊位的不可能性与此行为超出一般的诱惑力,近代政治论著中逊位理论的缺席与君王逊位事例所激起的文学、伦理与宗教论说的充裕方可得到解释。

然而,除了这些历史条件与社会变革之外,这些令人震惊的行为同样强调了一种奇怪的力量,否定一切和内在消失的欲望(更准确地说是"不存在"的欲望)作用于人之上的力量。这里我们又遇到了这个刻在人内心的向往,"不曾存在过"的欲望的诱惑力。这正是约伯已然宣告过的,索福克勒斯通过俄狄浦斯王之口在《俄狄浦斯在科诺洛斯》(*Oedipe à Colone*)中继诗人巴库利德斯(Bacchylide)之后宣告的,古罗马时期泰奥格尼斯(Theognis)、老普林尼(Pline l'Ancien)与数百位其他诗人作家争先恐后重复的:"不出生胜过任何话语(logos)。"①世纪长河中,这种对于不存在的向往被视为一切思想与欲望的神秘钥匙而传播,16 与 17 世纪则以各种形式重提:在这个名字多少概括了信息的剧作《人生是一场梦》(*La vie est un songe*)中,卡尔德隆(Caldéron)通过概括近代人的经验,对之作了回应:"因为人最大的罪恶就是出生。"②稍晚些,叔本华在《作为意志和表象的世界》(*Monde comme volonté et comme représentation*)中也对其作了回应。③

自从个人意愿在君王身上变得自主之后,与权力的关系从根本上得到改变。古老的两个国王身体理论在区分的同时所衔接的互相的依附性于此被分离;逊位的自愿行为,屈从于意愿、情境以及"心理"的变化,打破了这个平衡。行为失去了其对于政治秩序的参照意义,成为懦弱、骄傲、过分或忧郁的效应,显得既不可理解又充满诱惑力,并且激起了无数自相矛盾的论说。

---

① 《约伯记》3.3;索福克勒斯,《俄狄浦斯王在科诺洛斯》,第 1225 行;泰奥格尼斯,第 425 行,等等。

② 卡尔德隆,《人生如梦》,第一天,载《17 世纪西班牙戏剧》(*Théâtre espagnol du XVIIe siècle*),卷 2,Paris,Gallimard,Bibl. de la Pléiade,1999,第 935 页,对古代以及现代的参考见第 1794—1795 页。也见马塞尔·巴塔永,《伊拉斯谟与西班牙》(*Érasme et l'Espagne*),Genève,Droz,1998,第 306 页,脚注 3。

③ 叔本华,《作为意志和表象的世界》,卷 4 附录,第 46 章,法译,Paris,Puf,第 1351 页。

对于君王本人而言,人的境地所特有的苦海,死亡的冲动,消失,"不曾存在过"的欲望(如俄狄浦斯所期望的)或是"从书中被拭去"的欲望(如摩西与圣保罗的心愿),向每个人展示了一幅被激化的画面,同时将隐藏最深的对于虚无的向往大白于天下。① 除了权力的逊位,涉及的是人类意愿中心绝对的、纯洁的"逊位",正如我们谈论一份"纯爱",没有任何目的,也没有任何条件。所有人类身上拒绝工作的力量与逊位中显示出的力量之所以这么摄人心魄,是因为行动之人的处境不同寻常,也因为一种绝对权力的理论被制定了出来。② 这令我们可以理解逊位所激起的反应,包括晕厥的缄默与论说的激增。逊位这项行为,尽管——或因为——有其罕见性与特殊性,起着启示、"分析"的作用,正是特殊性赋予了其谜一般的意义。③

---

① 《出埃及记》32:32,以及《罗马书》9:3。见勒布朗,《纯爱》,前揭,第49页以下。

② 关于对现时代的否定和现时代的神话,见汉斯·布鲁门博格,《现代正当性》,前揭,第553页以下。

③ 关于"分析"的概念,见勒内·卢罗,《前卫的自我解体》,前揭,第305页。

"轻与重"文丛(已出)

01	脆弱的幸福	[法]茨维坦·托多罗夫 著	孙伟红 译
02	启蒙的精神	[法]茨维坦·托多罗夫 著	马利红 译
03	日常生活颂歌	[法]茨维坦·托多罗夫 著	曹丹红 译
04	爱的多重奏	[法]阿兰·巴迪欧 著	邓 刚 译
05	镜中的忧郁	[瑞士]让·斯塔罗宾斯基 著	郭宏安 译
06	古罗马的性与权力	[法]保罗·韦纳 著	谢 强 译
07	梦想的权利	[法]加斯东·巴什拉 著	杜小真 顾嘉琛 译
08	审美资本主义	[法]奥利维耶·阿苏利 著	黄 琰 译
09	个体的颂歌	[法]茨维坦·托多罗夫 著	苗 馨 译
10	当爱冲昏头	[德]H·柯依瑟尔 E·舒拉克 著	张存华 译
11	简单的思想	[法]热拉尔·马瑟 著	黄 蓓 译
12	论移情问题	[德]艾迪特·施泰因 著	张浩军 译
13	重返风景	[法]卡特琳·古特 著	黄金菊 译
14	狄德罗与卢梭	[英]玛丽安·霍布森 著	胡振明 译
15	走向绝对	[法]茨维坦·托多罗夫 著	朱 静 译

16 古希腊人是否相信他们的神话

　　　　　［法］保罗·韦纳 著　　　　　　　张 竝 译

17 图像的生与死　［法］雷吉斯·德布雷 著

　　　　　　　　　　　　　　　　黄迅余　黄建华 译

18 自由的创造与理性的象征

　　　　　［瑞士］让·斯塔罗宾斯基 著

　　　　　　　　　　　　　　　　　张 亘　夏 燕 译

19 伊西斯的面纱　［法］皮埃尔·阿多 著　　　张卜天 译

20 欲望的眩晕　　［法］奥利维耶·普里奥尔 著　方尔平 译

21 谁，在我呼喊时　［法］克洛德·穆沙 著　　　李金佳 译

22 普鲁斯特的空间　［比利时］乔治·普莱 著　　张新木 译

23 存在的遗骸　　［意大利］圣地亚哥·扎巴拉 著

　　　　　　　　　　　　　吴闻仪　吴晓番　刘梁剑 译

24 艺术家的责任　［法］让·克莱尔 著

　　　　　　　　　　　　　　　　　赵苓岑　曹丹红 译

25 僭越的感觉／欲望之书

　　　　　［法］白兰达·卡诺纳 著　　　　袁筱一 译

26 极限体验与书写　［法］菲利浦·索莱尔斯 著　唐 珍 译

27 探求自由的古希腊　［法］雅克利娜·德·罗米伊 著

　　　　　　　　　　　　　　　　　　　　　张 竝 译

28 别忘记生活　　［法］皮埃尔·阿多 著　　　孙圣英 译

29 苏格拉底　　　［德］君特·费格尔 著　　　杨 光 译

30 沉默的言语　　［法］雅克·朗西埃 著　　　臧小佳 译

31 艺术为社会学带来什么

　　　　　　　　　［法］娜塔莉·海因里希 著　　何 蒨 译
32 爱与公正　　　［法］保罗·利科 著　　　　韩 梅 译
33 濒危的文学　　［法］茨维坦·托多罗夫 著　栾 栋 译
34 图像的肉身　　［法］莫罗·卡波内 著　　　曲晓蕊 译
35 什么是影响　　［法］弗朗索瓦·鲁斯唐 著　陈 卉 译
36 与蒙田共度的夏天［法］安托万·孔帕尼翁 著 刘常津 译
37 不确定性之痛　［德］阿克塞尔·霍耐特 著　王晓升 译
38 欲望几何学　　［法］勒内·基拉尔 著　　　罗 芃 译
39 共同的生活　　［法］茨维坦·托多罗夫 著　林泉喜 译
40 历史意识的维度［法］雷蒙·阿隆 著　　　　董子云 译
41 福柯看电影　　［法］马尼利耶 扎班扬 著　 谢 强 译
42 古希腊思想中的柔和

　　　　　　　　　［法］雅克利娜·德·罗米伊 著　陈 元 译
43 哲学家的肚子　［法］米歇尔·翁弗雷 著　　林泉喜 译
44 历史之名　　　［法］雅克·朗西埃 著

　　　　　　　　　　　　　　　　　　魏德骥 杨淳娴 译
45 历史的天使　　［法］斯台凡·摩西 著　　　梁 展 译
46 福柯考　　　　［法］弗里德里克·格霍 著　何乏笔 等译
47 观察者的技术　［美］乔纳森·克拉里 著　　蔡佩君 译
48 神话的智慧　　［法］吕克·费希 著　　　　曹 明 译
49 隐匿的国度　　［法］伊夫·博纳富瓦 著　　杜 蘅 译
50 艺术的客体　　［英］玛丽安·霍布森 著　　胡振明 译

51 十八世纪的自由 [法]菲利浦·索莱尔斯 著

唐 珍 郭海婷 译

52 罗兰·巴特的三个悖论

[意]帕特里齐亚·隆巴多 著

田建国 刘 洁 译

53 什么是催眠 [法]弗朗索瓦·鲁斯唐 著

赵济鸿 孙 越 译

54 人如何书写历史 [法]保罗·韦纳 著 韩一宇 译

55 古希腊悲剧研究 [法]雅克利娜·德·罗米伊 著

高建红 译

56 未知的湖 [法]让-伊夫·塔迪耶 著 田庆生 译

57 我们必须给历史分期吗

[法]雅克·勒高夫 著 杨嘉彦 译

58 列维纳斯 [法]单士宏 著

姜丹丹 赵 鸣 张引弘 译

59 品味之战 [法]菲利普·索莱尔斯 著

赵济鸿 施程辉 张 帆 译

60 德加,舞蹈,素描 [法]保尔·瓦雷里 著

杨 洁 张 慧 译

61 倾听之眼 [法]保罗·克洛岱尔 著 周 皓 译

62 物化 [德]阿克塞尔·霍耐特 著 罗名珍 译

图书在版编目(CIP)数据

逊政君主论 /(法)雅克·勒布朗著;贾石,杨嘉彦译.
--上海:华东师范大学出版社,2018
("轻与重"文丛)
ISBN 978-7-5675-7690-2

Ⅰ.①逊… Ⅱ.①雅…②贾…③杨… Ⅲ.①君主制-政治制度史-研究-世界 Ⅳ.①D59

中国版本图书馆 CIP 数据核字(2018)第 113696 号

华东师范大学出版社六点分社
企划人 倪为国

轻与重文丛
逊政君主论

主　　编	姜丹丹
著　　者	(法)雅克·勒布朗
译　　者	贾　石　杨嘉彦
责任编辑	王　旭
封面设计	姚　荣
出版发行	华东师范大学出版社
社　　址	上海市中山北路 3663 号　邮编　200062
网　　址	www.ecnupress.com.cn
电　　话	021－60821666　行政传真　021－62572105
客服电话	021－62865537
门市(邮购)电话	021－62869887
地　　址	上海市中山北路 3663 号华东师范大学校内先锋路口
网　　店	http://hdsdcbs.tmall.com
印　刷　者	上海中华商务联合印刷有限公司
开　　本	787×1092　1/32
印　　张	10.75
字　　数	150 千字
版　　次	2018 年 7 月第 1 版
印　　次	2018 年 7 月第 1 次
书　　号	ISBN 978-7-5675-7690-2/K·505
定　　价	68.00 元
出版人	王　焰

(如发现本版图书有印订质量问题,请寄回本社客服中心调换或电话 021－62865537 联系)

LE POUVOIR D'ABDIQUER: Essai sur la déchéance volontaire
by Jacques Le Brun
Copyright © Éditions GALLIMARD, Paris, 2009
Simplified Chinese edition arranged with Editions GALLIMARD
Simplified Chinese Translation Copyright © 2018 by East China Normal University Press Ltd
ALL RIGHTS RESERVED.
上海市版权局著作权合同登记 图字:09 - 2012 - 350 号